EUGEN BUSS

Das emotionale Profil der Deutschen

UNTER MITARBEIT VON ULRIKE FINK-HEUBERGER,
BRIGITTE JAHN-ZIMMERMANN, MARCUS UHLICH

EUGEN BUSS

Das emotionale Profil der Deutschen

Bestandsaufnahme und Konsequenzen für Unternehmer, Politiker und Öffentlichkeitsarbeiter.

F.A.Z.-INSTITUT
FÜR MANAGEMENT-, MARKT- UND MEDIENINFORMATIONEN GMBH

Die Deutsche Bibliothek - CIP-Einheitsaufnahme

Buß, Eugen

Das emotionale Profil der Deutschen

Bestandsaufnahme und Konsequenzen für Unternehmer, Politiker und Öffentlichkeitsarbeiter

F.A.Z.-Institut für Management-, Markt- und Medieninformationen, Frankfurt am Main: 1999

ISBN 3-927282-85-5

Umschlaggestaltung xplicit Gesellschaft für visuelle Kommunikation, Frankfurt am Main
Satz F.A.Z.-Institut für Management-, Markt- und Medieninformationen GmbH
Druck Jetprint Druck- und Vertriebs-GmbH, Dreieich

Printed in Germany

Inhalt

Vorwort

Dieses Buch hat eine Vorgeschichte. Im Sommer 1997 fand in Mühlheim auf Initiative von *Joachim Klewes* ein interdisziplinäres Symposium zur PR-Entwicklung in Deutschland statt. Diese erste Veranstaltung in der Reihe „PR-Forum Live“ sollte dazu beitragen, den Dialog zu aktuellen Fragen der Unternehmenskommunikation zu intensivieren sowie den Austausch zwischen Wissenschaft und Praxis zu fördern. Es diente als Forum für Diskussionen, an denen nicht nur ein Forschungsinteresse der beteiligten Wissenschaftler besteht, sondern auch ein Erkenntnis- und Nutzungsinteresse auf Seiten der Kommunikationsverantwortlichen in der Wirtschaft.

Anstoß zu diesem Buch war das Interesse der drei Unternehmen *Allianz AG, Deutsche Shell AG und Philip Morris GmbH* sowie der gemeinnützigen Stiftung *„Identity-Foundation“*, mehr über die gesellschaftlichen Veränderungen in Deutschland zu erfahren und praktikable Hinweise zu erhalten, wie sich diese Veränderungen in der Unternehmenskommunikation niederschlagen werden. Nicht nur ihre großzügige finanzielle Förderung der Untersuchung, sondern vor allem ihr ideelles Engagement haben dieses Forschungsprojekt beflügelt. Dafür schulde ich den Unternehmen und der Identity - Foundation großen Dank.

Mit besonderem Nachdruck hat sich *Nikolai Tewes* von der Allianz AG für diese Studie eingesetzt, sie maßgeblich inspiriert, im konstruktiven Dialog begleitet und immer wieder mit neuen gedanklichen Impulsen bereichert. Dank gilt ebenso *Dr. Klaus Piquard* von der Deutschen Shell AG, der den entscheidenden Beitrag zur thematischen Weichenstellung dieser Arbeit beigesteuert hat und somit den konzeptionellen Charakter der Untersuchung ganz besonders geprägt hat. Auch *Klaus-Peter Johanssen* hat mit großer Verve die ideellen Grundlagen dieses Projektes mitgestaltet und die empirischen Erhebungen maßgeblich initiiert. Besonderer Dank gebührt schließlich auch *Paul J. Kohtes*, dessen Einfluß in allen Fragen, die mit dem Selbstverständnis und der Identität der Deutschen zusammenhängen, zu spüren ist. Er hat der Identitäts- und Mentalitätsforschung, um deren Ergebnisse es auch hier geht, einen besonderen Schub verliehen. Die vorliegende Studie zeigt auf exemplarische Weise, wie Wirtschaft und Wissenschaft auf dem Bereich der Unternehmenskommunikation zusammenarbeiten können, und wie sich gemeinsam erarbeitete wissenschaftliche Erkenntnisse für die Praxis der Unternehmenskommunikation nutzen lassen.

Ohne engagierte Mitarbeiterinnen und Mitarbeiter hätte dieses Buch nicht geschrieben werden können. Hannelore Neubert hat mit großer Zuverlässigkeit die Texte erstellt und immer wieder überarbeitet. Andreas Bunz hat mit viel Umsicht das Projekt begleitet und vorliegendes Datenmaterial in Schaubilder umgesetzt. An den Diskussionen der Forschungsgruppe, der Erhebung und Auswertung des umfangreichen empirischen Materials sowie an den Literaturrecherchen nahmen auch einige Studierende teil, deren Gedanken die Arbeit befruchtet haben. Von großer Bedeutung waren die Überlegungen von Hanna Fischinger, Shirin Emeera sowie Stefan Schwarz.

Dieses Buch ist ein Gemeinschaftswerk. Obwohl von mehreren Autoren verfaßt, ist es zugleich das Resultat einer Teamarbeit. Viele Beiträge wurden durch Diskussionen in der Hohenheimer Forschungsgruppe vorbereitet und in mehreren Entwürfen diskutiert. Zur formalen und inhaltlichen Konzeption dieses Buches haben daher Ulrike Fink-Heuberger, Brigitte Jahn-Zimmermann und Marcus Uhlich, die den Teil II dieses Buches verfaßt haben, maßgeblich beigetragen. Ihnen verdanke ich eine Fülle von Anregungen, Vorschlägen und konzeptionellen Ideen. Ohne ihre Mitarbeit wäre dieses Buch nicht entstanden.

Stuttgart, im März 1999 Eugen Buß

Einleitung

Sehr nachdenklich macht es, was knapp die Hälfte der Bundesbürger Ende 1998 auf die Frage äußerte: Haben Sie Vertrauen zu Unternehmen? Ihr klares „nein“ paßt so gar nicht zu den Visionen, die die Kommunikationsstrategen vieler Unternehmen über ihr Bild von Offenheit und Transparenz skizzieren. Glaubt man den Deutschen, dann haben sie begonnen, ein Stück ihrer traditionellen Identität abzuschütteln und ihr bisheriges Verhältnis zu Unternehmern und zu Politikern neu zu definieren.

Unverhohlene Skepsis gegenüber großen Organisationen auf der einen, wachsende emotionale Ansprüche ihnen gegenüber auf der anderen Seite, so widersprüchlich stellt sich die Stimmungslage der Deutschen heute dar. Deutschland befindet sich im Umbruch, nicht nur ökonomisch und nicht nur politisch. Wir sind Zeuge einer tiefgreifenden Zäsur unseres Selbstverständnisses. Die Einstellung zu politischen oder wirtschaftlichen „Sachlogiken“, die Haltung gegenüber Authentizität und Glaubwürdigkeit von Managern und Politikern, die Bedeutung von Stilfragen und symbolischen Darstellungsformen in der Kommunikation, die Akzeptanz von freiem Gefühlsausdruck in der Öffentlichkeit, der Stellenwert der gesellschaftlichen Verantwortung von Unternehmen, der Rang von moralischen Grundsätzen – all das ist in Bewegung geraten. Die Wertkultur der Deutschen hat sich in vielen Bereichen so gravierend verändert, daß aus dieser Veränderung neue Soll-Vorstellungen von der wünschenswerten Art öffentlicher Beziehungen erwachsen. Von ihren Konsequenzen sind Unternehmer, Politiker sowie alle Verantwortlichen für Kommunikation gleichermaßen betroffen.

Die Entwicklung nötigt zum Umdenken des traditionellen Kommunikations-Leitbildes. Sie nötigt insbesondere zu Antworten auf neue Fragen: Wie verändern sich die Interessen der Stakeholder? Wie verändern sich die zentralen Wertprioritäten der Gesellschaft in Deutschland? Wie verändern sich die Ansprüche der Menschen? Wie verändern sich die an die Unternehmen adressierten Erwartungen maßgeblicher Teilöffentlichkeiten?

Um Chancen und Risiken der neuen Stimmungslage in Deutschland begreifbar zu machen, haben wir aus der Fülle von Einflüssen jene herausgefiltert, die – gleichsam als Sediment abgelagert – das neue emotionale Profil der Deutschen ausmachen. Unter den verschiedenen facettenreichen Entwicklungen im Selbstverständnis der Bevölkerung spielt die Veränderung emotionaler Ausdrucksformen eine entscheidende Rolle. Öffentliche Emotionalität bildet heute ein Risiko für Unternehmer und Politiker. Die Akzeptanzprobleme sind deutlich gestiegen und von der reinen Leistungsebene zumindest partiell auf die Vertrauensebene verschoben. Damit sehen sich die Unternehmen und politischen Organisationen mit einer Reihe neuartiger Ansprüche konfrontiert:

Wie können sie im Krisenfall mit der latenten oder offenen Aggression der Öffentlichkeit umgehen? Wie können sie ihre oft praktizierte „kommunikative Selbstgenügsamkeit" durchbrechen? Welche Form der emotionalen Darstellung und des emotionalen Stils paßt zu ihnen? Wie können sie die natürlichen Verständigungsschwellen gegenüber der Öffentlichkeit überwinden?

Emotionalität findet heute auf einem anderen Forum als noch vor zwanzig Jahren statt. Sie ist insgesamt „öffentlicher" geworden. In ihren Ausdrucksformen hat sie sich entprivatisiert. Entsprechend werden Wertverletzungen oder Vertrauensverletzungen nicht länger als entschuldbare Fahrlässigkeiten hingenommen. Sie werden vielmehr mit einer generell aggressiveren Stimmungslage von Meinungsführern und Öffentlichkeit geahndet. Die Beobachtungssensibilität der Öffentlichkeit gegenüber Wirtschaft und Politik ist deutlich gestiegen.

Unternehmen müssen sich zudem mit Zielgruppen und Teilöffentlichkeiten auseinandersetzen, die durch klassische Markenkommunikation gar nicht ansprechbar sind. Die Bedeutung dieser Gruppen (beispielsweise Non-Governmental-Organisations) wächst, da sie sich aktiv am gesellschaftlichen Dialog über die moralische Akzeptanz von Unternehmen beteiligen, oft sogar intensiver als die herkömmlichen „Marketing-Zielgruppen".

Für die Unternehmenskommunikation bedeutet diese Entwicklung eine „Revolution auf leisen Sohlen". Sie signalisiert verstärkt Handlungsbedarf: Verlangt wird heute Kompetenzerweiterung im Sinne der Beherrschung neuer kommunikativer Ausdrucksformen. Die Reputation eines Unternehmens läßt sich nicht länger von den emotional unterlegten Wertansprüchen und Themenentwicklungen der Gesellschaft ablösen. Jeder gesellschaftliche Status quo stellt Wertofferten dar, in die sich ein Unternehmen einfädeln muß, will es seinen guten Ruf wahren. Öffentliche Akzeptanz ist demnach mehr als ein schlichter Wettbewerbsfaktor, sie ist auch mehr als eine betriebswirtschaftliche Ressource – sie bestimmt Unternehmenswert und Wachstumsperspektiven mehr als jede andere Vermögensposition im Jahresabschluß.

Mit dieser Studie präsentieren wir die Ergebnisse einer systematischen Bestandsanalyse zum Thema der öffentlichen Emotionalität in Deutschland. Die vorliegende Untersuchung ist in drei Teile gegliedert:

Im ersten Teil werden die charakteristischen Entwicklungslinien und Konturen des emotionalen Profils der Deutschen im Rahmen einer Status-quo-Analyse bilanziert. Dabei greifen wir hauptsächlich auf Untersuchungsbefunde der letzten beiden Dekaden zurück.

Im zweiten Teil werden die Ergebnisse einer empirischen Untersuchung zur öffentlichen Emotionalität in Deutschland präsentiert, die in zwei Stufen durchgeführt wurde:

a) über eine explorative Befragung in den alten und neuen Bundesländern, die von Juli bis Oktober 1998 vom Lehrstuhl für Soziologie an der Universität Hohenheim durchgeführt wurde und

b) über eine repräsentative Bevölkerungsbefragung, die das Emnid-Institut in Bielefeld in unserem Auftrag durchführte.

Im dritten Teil werden schließlich Schlußfolgerungen aus der veränderten Stimmungslage der Deutschen für die externe Unternehmenskommunikation gezogen.

Das Thema Emotionalität steht im Rahmen einer breiter angelegten gesellschaftlichen Wertanalyse, in deren Verlauf wir aus der Vielzahl höchst unterschiedlicher gesellschaftlicher Strömungen jene zentralen Entwicklungslinien ableiten, die charakteristische Navigationsdaten für die Zukunft darstellen.

Die Studie bezieht sich daher auf längerfristige Tiefenströmungen, die das emotionale Profil der Öffentlichkeit, ihr Selbstverständnis und ihre Identität nachhaltig beeinflussen. Dabei kommt es uns vor allem darauf an, Zäsuren zu markieren, die zu Änderungen im öffentlichen Mentalitätsstil der Deutschen geführt haben. Mit dieser Studie wird ein zweites bezweckt: Sie soll nicht nur auf neue Grundströmungen aufmerksam machen, sondern auch konkrete Konsequenzen für die Unternehmenskommunikation ableiten. Dabei ziehen wir praktische Folgerungen aus der emotionalen Sensibilität der Öffentlichkeit und unterbreiten Vorschläge für ein neues Verständnis von Image- und Reputationsmanagement.

Teil I

Die Thesen

1. Die neue Bedeutung von Emotionalität

In Deutschland hat sich die Emotionskultur in den letzten drei Dekaden nachhaltig verändert. Die empirischen Befunde aus der jüngsten Vergangenheit lassen im einzelnen folgende Entwicklungen erkennen:

- Die Bedeutung von öffentlicher Emotionalität ist generell gestiegen.
- Trennlinien zwischen öffentlichen und privaten Ausdrucksformen sind durchlässiger geworden. Die Akzeptanz der öffentlichen Darstellung persönlicher Gefühle nimmt deutlich zu.
- Herkömmliche Scham- und Taktgrenzen werden tendenziell abgebaut.
- Negative Emotionen (Aggressionen, Haß, Wut, Angst etc.) werden eher toleriert.
- Die Affektkontrolle in der Öffentlichkeit nimmt tendenziell ab. Gefühle werden präsenter, direkter, selbstverständlicher und offener ausgedrückt. Der Stil des Informellen, Spontanen, Natürlichen rangiert deutlich vor Korrektheits- und Selbstdisziplinvorstellungen.
- Ausdrucksformen von Gefühlen enthalten heute größere Spielräume.
- Emotionen gelten vermehrt als legitimes Mittel der öffentlichen Selbstdarstellung.
- Es zeichnet sich ein wachsendes Bedürfnis nach Gemeinschaftserlebnissen ab. Die Suche nach Atmosphärischem nimmt in vielen Lebensbereichen zu. Gleichzeitig steigt die Nachfrage nach Mythen.
- In der Erziehung spielen emotional betonte Ausdrucksformen eine größere Rolle.

Wichtige Grenzziehungen zwischen Emotionskontrolle einerseits und freiem Ausdruck der Gefühle andererseits haben sich offenbar verschoben. Alles in allem ist ein Prozeß zu beobachten, der die herkömmliche Balance zwischen Selbstdisziplinierung und offenem Affektausbruch in Frage stellt. Generell scheint die Stimmungslage der Deutschen emotionaler gefärbt zu sein, ihr Lebensgefühl informeller, ihre Beziehungen zueinander stärker entpflichtet, ihr Freizeitverständnis erlebniserfüllter und emotionsbetonter.

Gleichzeitig zeichnet sich eine zunehmende Amalgamierung von Öffentlichkeit und Emotionalität ab. Normen der privaten Gefühlswelt wirken vermehrt in die Öffentlichkeit hinein. Öffentlichkeit und Privatheit, Sachebene und emotionale Ebene verschränken und überlagern sich. Das Interesse der Menschen an emotionalen Ausdrucksformen in den Medien nimmt seit längerem zu – sei es bei Politikern, Repräsentanten des öffentlichen Lebens, in der Konsumwelt oder auch in der Unternehmenskommunikation. Von öffentlichen Akteuren wird erwartet, daß sie persönliche Empfindungen nicht mehr ohne weiteres von ihrer öffentlichen Funktion trennen. Emotionale Reaktionen werden mit hoher Aufmerksamkeit registriert. Angesichts einer wachsenden Komplexität des politischen und wirtschaftlichen Lebens stehen emotionale Gesten heute vermehrt für die unverfälschte Identität von Institutionen und Unternehmen in der Öffentlichkeit.

In der zunehmenden Wertschätzung nicht-manipulierter Gefühle, „natürlicher" und spontaner Reaktionen, in der wachsenden Sehnsucht nach einem „undomestizierten" Selbst, einem undomestizierten Herzen liegt die Antwort auf eine gesellschaftliche Entwicklung, die immer stärker auf einen technisch-instrumentellen Code programmiert ist. Die starke Betonung des „natürlichen, ursprünglichen Gefühls" dürfte mit dem wachsenden Zwang zum genauen Gegenteil, zu einer instrumentellen Wahrnehmung der Lebenswelt, zusammenfallen. Aus diesem Grund werden spontane Gefühle wie ein knappes und überaus wertvolles Gut erlebt. Und aus diesem Grund erheben wir Gefühle in den Status einer Tugend. Die Suche nach Authentizität wird zu einem Schlüsselmerkmal des modernen gesellschaftlichen Lebens.

2. Die neue Suche nach kollektiver Emotionalität und Gemeinschaft

Zur Stimmungslage in Deutschland gehört seit längerem, daß sich die Menschen nicht mehr emotional mit den politischen und wirtschaftlichen Institutionen identifizieren. Die Zustimmung etwa zur Demokratie, den politischen und wirtschaftlichen Institutionen ist vor allem pragmatisch begründet. Sie werden gewollt, weil sie sich als nützlich erwiesen haben und weniger, weil sie eine emotional bindende Idee von Gerechtigkeit, Fortschritt oder Chancengleichheit versprechen.

Der Platz emotional bindender politischer und gesellschaftlicher Ideen ist in Deutschland nach 1945 bei der Mehrheit der Bevölkerung leer geblieben. Öffentliche Institutionen wecken keine Begeisterung, bilden keine Projektionsfläche für kollektive Emotionen früherer Zeiten wie Patriotismus, Glaubensüberzeugungen, Hingabe an hohe Ideale, fragloser Einsatz zugunsten einer übergeordneten Sache oder Bekenntnis zu Gemeinschaftswerten.

Übergreifende emotional bindende Ideen und Institutionen haben derzeit in Deutschland keine Heimat. Weder Kirche noch andere soziale oder kulturelle Institutionen sind in der Lage, auf eine umfassende Weise öffentliche Emotionen zu bündeln. In diesem Sinn besteht ein emotionales Vakuum. Deutschland hat keine die Gefühle erreichende integrierende Idee oder Institution (vgl. Pross 1982).

Die gegenwärtige Abwesenheit emotional-bindender Ideen und Institutionen schafft Probleme:

- Dazu gehört eine verstärkte Suche nach Ereignissen, die emotionale Bedürfnisse befriedigen.
- Dazu gehört die emotional unterfütterte Ideologieanfälligkeit derjenigen Gruppen, die nicht hinreichend durch die vorhandenen Institutionen in die Gesellschaft integriert sind.
- Dazu gehört die Suche nach Gemeinschaftserlebnissen, die eine Projektionsfläche für Emotionen bieten.

Fest steht: Die moderne Gesellschaft befriedigt nicht die emotionalen Gemeinschaftsbedürfnisse namentlich junger Menschen in Deutschland. Auch stellt die Gesellschaft keine Auffangstationen bereit, in denen emotionale Neigungen in institutionalisierter Form hinreichend bedient werden könnten.

Das Vakuum bindender Ideen verändert Richtung und Ansatzpunkte öffentlicher Emotionalität. Folgende Entwicklungen sind zu beobachten:

2.1. Die Bedeutung verbindender Symbole

Der neue öffentliche Emotionalitätsschub ist Kulminationspunkt einer Bewegung, die Zeichen und Symbolen oft mehr traut als Begriffen, Argumenten, Beweisen oder Hinweisen auf juristische Erfordernisse. Öffentliche Emotionalität ist Ausdruck für die Suche nach Gemeinsamkeit, für eine Sprache, die alle verstehen; für ein Gefühl, das alle gleichermaßen spüren. Gesucht werden Signale, die Zugehörigkeit und Zusammenhalt ausdrücken in einer Gesellschaft, deren Vertrauen in verbale Dialoge sinkt, so sehr sie auch nach Dialog ruft.

Es wächst die Sehnsucht nach emotional unterlegten Erklärungsmustern des Lebens. Zurückgewiesen wird die bloß rationale Interpretation sozialer Veränderungen. Die zunehmende Nachfrage nach Mythen, bzw. symbolischen Identifikationsangeboten kann als Rebellion gegen eine durch Gefühle entleerte Alltagswelt verstanden werden. Der Widerstand beispielsweise gegen den Euro oder die gemeinsame Interpretation einer Zeitenwende wie des Milleniums sind Ausdruck einer latenten Suche nach emotionalen Projektionsflächen.

2.2. Das neue Verlangen nach öffentlichen Gemeinschaftserlebnissen

Es wächst das Verlangen nach öffentlichen Gemeinschaftserlebnissen. Gewünscht werden Nähe, Aktivität, Gemeinsamkeit und Zugehörigkeit – allerdings ausschließlich in unverbindlicher Form. Was man sucht, sind nicht-verpflichtende, jederzeit revidierbare Gemeinschaftsgefühle. Das Gemeinsame wird zu einer ad-hoc-Gemeinsamkeit reduziert, die sich an unterschiedlichen Anlässen kristallisiert (z.B. Love-Parade, Diana-Trauer etc.). Typisch ist nicht die Suche nach einer verbindlichen emotionalen Bindung, sondern eher eine Art Flickenteppich vieler kleiner emotionaler Feuerstellen. In einer seltsamen Mischung von zeitlicher und räumlicher Flüchtigkeit wird das Verlangen nach kollektiven Ausdrucksformen in Deutschland immer deutlicher. Das gemeinsame öffentliche Erlebnis fungiert als Simulation einer privaten Emotionalität auf Zeit.

Beispiel: der neue Reiz von Großereignissen wie Formel-I-Rennen, Festivals oder Live-Konzerten. Menschenmengen verfolgen gemeinsam im Rahmen von organisierten Übertragungen das Geschehen. Über Anlaß und Symbolik entsteht eine Gemeinschaft von Gleichgesinnten, Gleichgekleideten und Gleichgestimmten auf Zeit.

In diesen Veranstaltungen entwickeln Menschen Emotionen, die vor allem von Sympathie für die Akteure gezeichnet sind. Man gibt sich seinen außeralltäglichen Sonntags-Emotionen hin, die kaum Platz für Aggressivität oder Haß lassen. Friedlich, inbrünstig und hingebungsvoll erlebt das Publikum sich selbst und seine Hauptdarsteller. Man faßt sich an, redet oder schweigt miteinander, singt zusammen, schwenkt Feuerzeuge, boykottiert oder genießt ein Gemeinschaftserlebnis in aller Widersprüchlichkeit. Man badet in einem gemeinsamen Gefühl von Nähe, Gleichheit und Ereignisfülle. Soziale Gegensätze sind wie weggewischt. Man läßt sich von Symbolen animieren, vergißt eine Zeitlang sich selbst und die Korsettstränge des Alltags. Man sucht und erlebt eine Außeralltäglichkeit, die keiner organisierten Animation bedarf.

Es geht also nicht primär um das Ereignis an sich, wenn Emotionen ausgedrückt werden. Ereignisse sind Vehikel der Emotionalität. Daß man sich nah ist, ist wichtig – nicht, warum. Was zählt, ist das Gemeinschaftserlebnis. Gemeinsam ein kollektives Gefühl zu durchleben, ist Grund genug für die Gemeinschaft. Man trauert z.B. beim Tod von Diana nicht um den Verlust einer verehrten Person, sondern man trauert, weil es eine Sehnsucht nach einem gemeinsamen Trauergefühl gibt. Viele kollektive Emotionen erinnern an absurdes Theater oder „Happenings“. Und doch sind sie nur eine Spielart einer tieferliegenden Sehnsucht nach öffentlichen Ausdrucksformen von Gefühlen.

2.3. Die Rolle von Kult- und Feindfiguren

Öffentliche Emotionen werden vermehrt in Kult- oder Feindfiguren fokussiert. Sie bieten Projektionsflächen für den wachsenden Wunsch in der Gesellschaft nach Identifikation. Diana wurde für kurze Zeit als neue Heilige verehrt. Stars aus der Medienwelt binden kollektive Emotionen an sich.

Ein anderes Beispiel: Anläßlich von Umweltskandalen bilden Unternehmen Feindfiguren, die negative Emotionen auf sich ziehen. Durch emotionale Identifikation mit Kultfiguren, bzw. in der gemeinsamen Aggression gegen Feindfiguren erlebt sich der einzelne größer, selbstloser und ungewöhnlicher, als dies normalerweise im Alltag geschieht.

2.4. Orientierung an moralisch-integeren Autoritäten

Es wächst die Suche nach moralisch-integeren Personen des öffentlichen Lebens, nach verläßlichen Autoritäten, die das Bedürfnis nach emotionaler Identifikation auf sich zu ziehen vermögen. Menschen suchen vermehrt nach Vorbildern und Leitbildern. Sie werden als wesentlicher Gestaltungsfaktor für die eigene Wertorientierung gesehen. In einer explorativen Studie der BLOCK-Trainingsgesellschaft geben immerhin 30% der Befragten an, bei der Entwicklung ihrer persönlichen Werte von Vorbildern geleitet zu werden (vgl. Lohmann/Schmidt 1996).

Fazit: Der Ausbruch von kollektiver Emotionalität wird in Deutschland an vielen Stellen sichtbar, keineswegs nur in Randmilieus. Vermehrt stoßen öffentliche Emotions- und Gemeinschaftsrituale auf eine breite Resonanz. Hinter den kollektiven Emotionen und ihren schillernden Erscheinungsformen wird der „Empfindungsmensch“ sichtbar. Er ist durch den Verlust sozialer Institutionen sehr sensibel geworden und sieht sich und seine Bedürfnisse nach Identifikation immer mehr ignoriert.

Kollektive Emotionen tragen viele Gesichter, Zungen, Häute. Gemeinsam ist ihnen jedoch der Hang zur raschen unverbindlichen Solidarisierung angesichts eines emotionalen Identifikationsobjektes. Kein Kamm ist breit genug, um die Szene und tausend Unterszenen darüber zu scheren. Alles besteht nebeneinander: Friedfertigkeit, Aggressivität, Boykott und Empathie. So bunt schillernd die „emotionalen Kristallisationen" auch sein mögen, so unterschiedlich die Motive und Erfahrungen – im kollektiven Ausdruck werden Gemeinsamkeiten im Selbstverständnis deutlich. Sie sind überparteilich, milieuübergreifend, spontan, moralisierend; sie greifen den oft tabuisierten Weltanschauungsgehalt von Politik und Wirtschaft auf und wollen die manchmal als „organisierte Unfreundlichkeit" (A. Muschg) gedeutete Haltung von Staat, Parteien oder Unternehmen nicht länger hinnehmen.

---

3. Die neue kulturelle „Codierung" öffentlicher Emotionalität

Öffentlich bekundete Emotionen genießen eine neue Form der Rechtfertigung. Ob Gesten der Betroffenheit geäußert, Aussprachen über Vertrauensbrüche abverlangt, die mediale Vermittlung von Aggressionen, Haß, Tabubrüchen oder Sympathiebekundungen zugemutet werden: Die Darstellung einer Emotion in der Öffentlichkeit bedarf keiner Begründung. Die Selbstverständlichkeit ihrer Erörterung steht außer Frage. Wer zugibt, über Gefühle nicht sprechen zu wollen, disqualifiziert sich heute selbst. In unseren öffentlichen Lebensstrukturen wird eine Auseinandersetzung mit Emotionen quasi als selbstverständlich erachtet:

- Emotionalität gilt als jederzeit debattierfähiges Thema.
- Gefühlsdarstellungen werden als Handlungsstandards abverlangt.
- Emotionen begründen neuerdings die Legitimität von Handlungen.

Die kulturelle Codierung von Emotionen – das heißt: Ausdrucksregeln von Gefühlen – hat sich verändert. Statt der Kontrolle von Emotionen wird die verstärkte Orientierung an der eigenen emotionalen Befindlichkeit zur gesellschaftlichen Norm (Gerhards 1988). Die Offenbarung von Gefühlen und Erlebnissen mit ihrem emotionalen Gehalt wird nicht länger als unredlich aufgefaßt. Vielmehr genießt sie inzwischen

Geltungsanspruch. Es entfaltet sich ein neuer, stärker emotional betonter „way of life“, in dem emotionale Ausdrucksnormen verstärkt in Wettbewerb zu disziplinierenden Darstellungsregeln treten.

Für die neue kulturelle Codierung öffentlicher Emotionen sprechen folgende Entwicklungen:

3.1. Politiker und Emotionalität

Einer Untersuchung des Allensbach-Instituts aus dem Jahr 1991 zufolge wird Politikern vermehrt der öffentliche Ausdruck von Gefühlen zugemutet. Das Statement „in der Politik sollten Gefühle eine größere Rolle spielen“ findet bei 71% der Bevölkerung in den alten Ländern Zustimmung. Der Aussage „Politiker, die immer höflich und beherrscht sind, kann ich nicht leiden“ stimmen 53% der Bevölkerung zu. Die Öffentlichkeit akzeptiert also immer weniger, daß persönliche Empfindungen aus dem Bild öffentlicher Personen ausgeblendet werden. Sie verlangt vielmehr, daß Gefühle und Empfindungen als Hintergrund öffentlicher Personen erkennbar werden.

„Politiker, die immer höflich und beherrscht sind, kann ich nicht leiden.“

Zustimmung in % der Bevölkerung (1991).

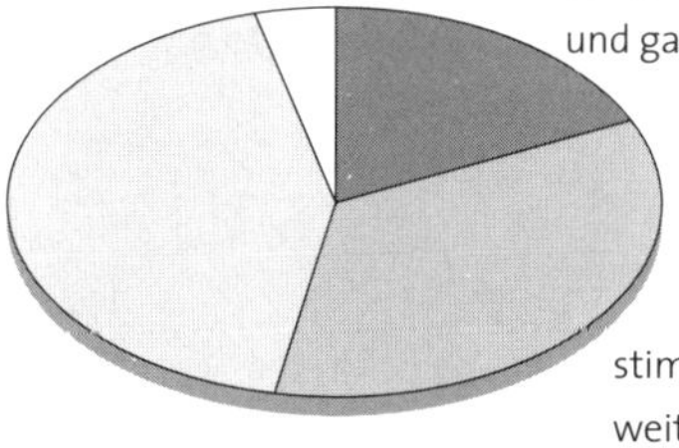

Quelle: Allensbach 1992 – eigene Darstellung

Grafik I.3.1: Politik und Emotionalität I

Der Fall Philipp Jenninger verdeutlicht die Entwicklung vielleicht am besten: er mußte als Bundestagspräsident gehen – darin war sich die Öffentlichkeit weitgehend einig –, weil er in einer Rede zum fünfzigsten Jahrestag der „Reichskristallnacht" nicht genug Gefühl gezeigt hatte, weil er eine „ehrlich gemeinte" und im wesentlichen schwer zu beanstandende Rede ohne die heute erforderlichen Gesten von emotionaler Anteilnahme vorgetragen hatte. Wer die Rede gelesen hat, versteht die Aufregung nicht ganz. Wer ihn allerdings per Fernsehen dabei gesehen hat, der hat indes in Philipp Jenninger den Typus eines durch und durch emotionsarmen Politikers erblickt, der meinte, es komme ausschließlich auf den Inhalt und nicht auf die emotionale Darstellungsweise an (vgl. Stephan 1993).

Inzwischen fällt auf, daß sich viele Politiker von einem Sprechverhalten getrennt haben, das sich durch eine strenge Scheidung von privat und öffentlich, Gefühl und Sache auszeichnet. Heute reden sie in aller Öffentlichkeit bevorzugt von Empfindungen: von ihren „Sorgen" und ihrer „Betroffenheit", von ihrem Lebensgefühl und von „spannenden" Aufgaben. Wo früher Herren in dunklen Anzügen von Pflicht sprachen, werden heute eher persönliche Erfahrungen thematisiert (vgl. Stephan 1993).

„In der Politik sollten Gefühle eine größere Rolle spielen."

Zustimmung in % der Bevölkerung (1991).

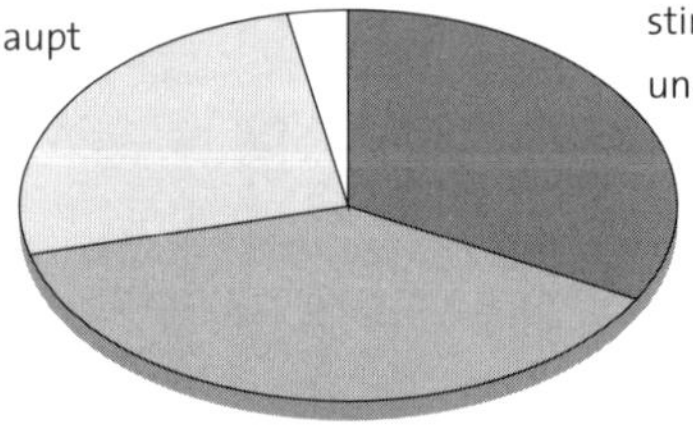

Quelle: Allensbach 1992 – eigene Darstellung

Grafik I.3.2: Politik und Emotionalität II

3.2. Personalisierung von politischen Wahlkämpfen

Eng mit der Emotionalisierung des politischen Auftritts verbunden ist die verstärkte Personalisierung der Wahlkämpfe seit den 80er Jahren (allerdings im Vergleich zu den Vereinigten Staaten in deutlich abgeschwächter Form). Eine Inhaltsanalyse der Medienberichterstattung über den Wahlkampf von 1994 durch die Mainzer Publizistikwissenschaftler Kepplinger und Rettich belegt, daß fast zwei Drittel aller Medienaussagen 1994 auf die Person der Kandidaten bezogen waren. Dagegen wies nur ein gutes Drittel der Berichte über den Wahlkampf einen Bezug zu Sachthemen auf. In der Niedersachsen-Wahl vom März 1998 sowie in der Bundestagswahl vom September 1998 schließlich erfuhr diese nahezu totale Konzentration des Medieninteresses auf in diesem Fall nur eine einzige Person eine weitere, bisher beispiellose Steigerung. Wie und von wem Niedersachsen, bzw. Deutschland künftig regiert würde, erschien zweitrangig gegenüber der Frage, wer sich als Kanzlerkandidat durchsetzen würde. Als Repräsentant bestimmter mit seiner Person verbundener Botschaften ist die Selbstinszenierung des Politikers sozusagen selbst die Nachricht.

3.3. Veränderte Identitätskonzepte

Der Amerikaner Turner illustriert die neue Codierung von Emotionalität anhand veränderter Identitätskonzepte der Menschen. Früher lag die Identität des einzelnen eher in der Erfüllung institutioneller Anforderungen der Gesellschaft (institutional self), bzw. in der perfekten Rollenerfüllung, hinter der die Person zurücktritt. Heute hingegen ist die legitime Identitätskonstruktion des Menschen eher auf die Ausrichtung an inneren Bedürfnissen, Befindlichkeiten und Gefühlen gegründet, oder was man dafür hält (impulsive self). Das neue Ideal ist zunehmend die Selbstentdeckung des eigenen emotionalen Horizonts, der Abbau institutionell verfügter Tabus und Hemmschwellen sowie die Lösung von einem überlieferten formellen Regelkorsett. Damit besteht auch für die Deutschen längst nicht mehr die Moral darin, Gefühle, die andere verletzen könnten, unbedingt zurückzuhalten. Zügelung von Empfindungen verlieren unter der Vorherrschaft der Authentizität zunehmend an Bedeutung. Statt dessen wird Selbst-Enthüllung zum Maßstab von Identitätsfindung und Glaubwürdigkeit (vgl. Sennett 1998).

3.4. Idealpersönlichkeit: Emotionalität statt Konformität

Für die langfristige Umstellung der kulturellen Codierung von Emotionalität liefert Benton (1981) einen weiteren Beleg. Im Rahmen der empirischen Untersuchung eines amerikanischen Wochenmagazins von 1920 bis 1978 hat er nachgewiesen, daß heute eher „intrapsychische" immanente Symbole zur Darstellung und Beschreibung einer idealen Persönlichkeit verwendet werden als früher. Während etwa bis Ende der 60er Jahre konformes, institutionell geregeltes Verhalten sowie religiöse Bindungen als wichtigste Merkmale einer idealen Persönlichkeit galten, hat sich dieses Bild seit Anfang der 70er Jahre deutlich verschoben. Insbesondere Emotionen werden immer stärker für die Selbstdefinition „idealer Persönlichkeiten" verwendet.

Diese Entwicklung belegen auch die Untersuchungen von Buchmann und Eisner (1998). Ihre Forschungsarbeit zeichnet den Wandel von Persönlichkeitsprofilen in Heirats- und Stellenanzeigen zwischen 1900 und 1996 in zwei Schweizer Tageszeitungen nach. Dabei zeigt sich mit verblüffender Deutlichkeit ein Wandel in der Identitätsstruktur der Menschen. Bis in die 60er Jahre werden Selbstbeschreibungen in Heiratsannoncen vornehmlich dazu verwendet, um berufliche Position und Arbeit zu beschreiben. Im Gegenzug erfahren seit den 70er Jahren die eher emotional betonten Lebensbereiche und Attribute eine deutliche Aufwertung. Somit wandelt sich der durchschnittliche Heiratswillige in der Annonce vom „Staatsangestellten in sicherer Position und gutem Einkommen" zum „unkomplizierten, lieben Mann mit Freude an Unterhaltungsmusik, Reise, Sport, Tanzen, Ausgehen und schönem Wohnen". Die Attribute „sensibel, aktiv, unkonventionell, gesellig" erfahren seit den 70er Jahren eine beachtliche Konjunktur und untermauern die neue Codierung von Emotionalität.

Auch in den Stellenanzeigen findet eine parallele Entwicklung statt. Dominierten bis in die 50er Jahre arbeitsbezogene Qualifikationen wie „ehrlich, treu, tüchtig, seriös, fleißig" – also lauter Pflicht- und Akzeptanztugenden – das Bild des idealen Arbeitnehmers, tauchten in den 60er Jahren zunehmend Qualitäten auf wie „team-orientiert, kreativ, flexibel, dynamisch, initiativ"; Eigenschaften, die in den 70er Jahren schließlich zum Standardrepertoire der Stelleninserate gehörten. In den 80er Jahren kamen weitere Eigenschaften hinzu, die sich vor allem auf den Bereich der emotionalen Kompetenz beziehen wie „kommunikativ, kontaktfreudig". Beide Textsorten (Heirats- wie Stellenanzeigen) dokumentieren besonders eindrucksvoll das veränderte Selbstverständnis der Menschen in Mitteleuropa.

3.5. Freier Gefühlsausbruch statt Selbstbeherrschung

Auch niederländische Studien belegen den neuen Stellenwert von Emotionen. Brinkgreve und Korzec (1979) haben die Ratgeberspalten einer niederländischen Wochenzeitung ausgewertet. Ihre Untersuchung läßt auf einen Wandel der kulturellen Codierung von Emotionalität schließen. Bildeten bis etwa Mitte der 60er Jahre Handlungsnormen wie „Selbstbeherrschung", „Haltung", „das Unterdrücken von Gefühlen", „nie die Fassung zu verlieren" den durchgehenden Tenor der gegebenen Ratschläge, so änderte sich dies in späteren Jahren spürbar: das Zulassen von Gefühlen ist nicht nur legitim; sie zu zeigen, wird geradezu gefordert. „Schlucken Sie nichts runter", ist ein oft gegebener Tip.

3.6. Zunahme informeller Lebensstile

Die neue kulturelle Codierung wird ferner durch eine Studie von Cas Wouters (1986) gestützt. Er hat Anstandsbücher aus dem Zeitraum von 1930 bis 1985 untersucht. Sein Resümee: Die gesellschaftliche Entwicklung läuft auf eine deutlich zunehmende Informalisierung des Lebensstils hin, auch wenn sich immer wieder Gegenschübe von Formalisierungsprozessen beobachten lassen.

Die Informalisierung zeigt sich beispielsweise in der heutigen Bedeutung von Kleidung: Früher trug man auf der Straße Kleider, die den jeweiligen Platz in der Gesellschaft deutlich sichtbar machten; man trug Kleider, die der institutionalisierten Ordnung entsprachen (Sennett 1998). Heute ist ein solches Kleiderrepertoire nutzlos geworden, weil sich die Menschen immer weniger in ein Kleiderkorsett zwingen lassen – weder am Arbeitsplatz noch zu bestimmten Anlässen; Lässigkeit dominiert heute die Kleiderordnung.

Ein anderes Beispiel für die neue Informalisierung des Lebensstils liefert die zunehmende Verbreitung des deutschen Abschiedsgrußes „Tschüs". Mehr als jeder zweite im Osten (56%) und Westen (57%) benutzt inzwischen diese informelle Abschiedsformel. Mitte der 60er Jahre haben die meisten in Westdeutschland (54%) noch „Auf Wiedersehen" gesagt, wenn sie sich von guten Bekannten verabschiedet haben. Inzwischen erscheint diese Grußformel vielen zu förmlich zu sein. Nur die ältere Generation hält bis heute zu einem Drittel daran fest.

Bevorzugte Abschiedsgrüße

Angaben in % der Bevölkerung (1991).

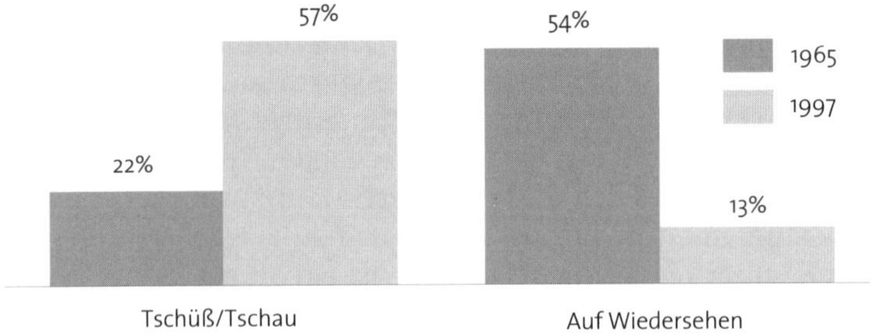

Quelle: Allensbach 1992 – eigene Darstellung

Grafik I.3.3: Entwicklung der Grußformeln bei Verabschiedung

Ein weiteres Beispiel: Nicht nur die Abschiedskultur, auch die briefliche Anredekultur unterliegt einem auffälligen Wandel. Formulierungen wie „Sehr verehrte Frau" oder „Sehr geehrter Herr" werden vermehrt als zu förmlich empfunden. In den maßgeblichen Ratgebern zum „Coporate Wording" (Förster 1995) haben sich die Leitlinien zur Anrede deutlich gelockert. Die neue Briefkultur kennt eher das „Liebe", das „Hallo, lieber", oder vermehrt auch das „Guten Tag, lieber Herr X", oder „Grüß Sie, liebe Frau Y", gegebenenfalls als Kompromiß auch „Guten Tag, sehr geehrter Herr". Noch informeller haben sich die Abschiedsformen entwickelt. Statt „Hochachtungsvoll" oder „Mit freundlichen Grüßen" heißt es heute vermehrt je nach Situation: „Beste Grüße aus Stuttgart", „nach Kiel grüßt", „bunte Herbstgrüße nach Hamburg", „kollegiale Grüße", „einen guten Start in die Woche wünscht...", „bis zum nächsten Mal mit herzlichem Gruß", oder einfach nur „Tschüs". Der Trend ist eindeutig: Was man will, ist Nähe statt Distanz, Abstandslosigkeit statt Abstand, Informelles statt Formelles. Man trennt sich von Floskeln, will statt dessen eher die Individualität und den persönlichen Charakter einer Beziehung unterstreichen.

3.7. Neue Wertschätzung emotionaler Identifikationsfiguren

Die kulturelle Codierung von Emotionalität drückt sich in einer neuen Wertschätzung emotionaler Identifikationsfiguren aus. Deutschlands kulturelle Geschenke an die Welt sind inzwischen eher Pop-, Sport- oder Modeidole. Unter dem Motto „pop meets politics" zeigen sich selbst im politischen Wahlkampf die Parteivorstände lieber mit den Scorpions als sich Günter Grass auszuliefern. Weniger politische Inhalte scheinen öffentliche Aufmerksamkeit zu generieren als prominente Identifikationsfiguren; kommen sie doch der Verpflichtung zur Inszenierung nach – wie beispielsweise in der Fotowerbung von Popsänger Marius Müller-Westernhagen, Tennisstar Boris Becker und Entertainer Thomas Gottschalk für die doppelte Staatsbürgerschaft in der deutschen Tagespresse im Januar 1999 im Auftrag des Bundespresseamtes.

Auch keine Produkt- oder Dienstleistungsmesse ist mehr ohne ein personelles „highlight" aus der Musik-, Sport-, Film- oder Starszene vorstellbar. Prominenz hilft über die Unübersichtlichkeit des Gebotenen und über die Unsicherheit, was die Inhalte angeht, hinweg.

3.8. Verbalisierung von Gefühlen

Die Deutschen neigen vermehrt dazu, ihre Gefühle zu verbalisieren. Interessant ist, daß die Deutschen häufiger als andere Völker Europas von Anlässen der Freude oder Traurigkeit berichten. Scherer, Wallbott und Summerfield belegen in einer vergleichenden Emotions-Studie (1986), daß es für die Deutschen alltäglicher ist, in Gesprächen ihre Gefühle mitzuteilen, als für ihre europäischen Nachbarn. Freude und Traurigkeit geben bei ihnen nicht so sehr den Impuls für unterschwellige Heiterkeit oder Melancholie; sondern in Deutschland wird vermehrt über Emotionen geplaudert.

Verbale Gefühlsäußerung von Freude und Traurigkeit

Angaben in % der jeweiligen Bevölkerung.

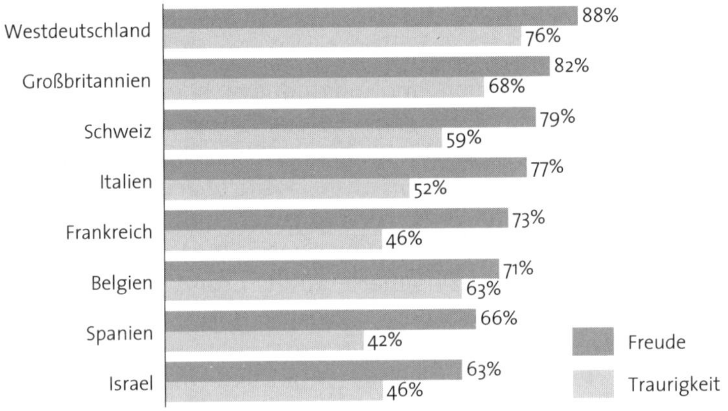

Quelle: Scherer, Wallbott, Summerfield 1986 – eigene Darstellung

Grafik I.3.4: Emotionsausdruck im internationalen Vergleich

Fazit: Die Teilbefunde zusammengenommen dokumentieren eines: Nicht die Kontrolle von Emotionen, sondern die Lockerung wird zur gesellschaftlichen Norm. Geachtet wird, wer Gefühle zeigt. Entsprechend gilt wenig, wer Gefühle verbirgt, Gefühle ignoriert oder Gefühle tabuisiert. Die Emotionstoleranz, die Emotionslockerung, die Emotionsversprachlichung, die Rechtfertigung durch Emotionen, die Orientierung an Emotionen tritt vermehrt mit normativem Geltungsanspruch auf. Löste die unmittelbare Äußerung der eigenen Befindlichkeit vor ca. 20 bis 30 Jahren zumindest noch Erstaunen oder gar Befremden aus, „so scheint heute eher umgekehrt zu gelten, daß Personen, die nichts über ihre Emotionen ‚herauslassen' als auffällig oder gar als gestört etikettiert werden" (vgl. Gerhards 1988).

4. Das neue Bedürfnis nach emotionaler Dekoration des Lebens

Angesichts einer auf Effizienz gerichteten politischen und wirtschaftlichen Ordnung wächst in Deutschland das Bedürfnis nach „emotionaler Dekoration" des Lebens, nach einem Stück „emotionaler Farbe": ein Stück Brokat auf einer grauen Tapete etwa. Die graue Tapete – das sind die Neunziger; Brokat – das ist der Versuch, dieser nüchternen Dekade etwas Gefühlsbetontes abzugewinnen.

Das neue Bedürfnis nach emotionaler Farbe der Umgebung kann verstanden werden:

- als eine Art tieferliegende Gegenbewegung gegen eine von Gefühlen entleerte Inszenierung des öffentlichen, politischen und gesellschaftlichen Lebens,
- als Gegenschub gegen die Erkenntnis, daß die poetische Bildkraft der modernen Gesellschaft ein Stück weit verlorengegangen ist,
- als Antipode zur Erfahrung, daß die Kernentwicklung in der Industriegesellschaft auf einen nüchternen digitalen Code programmiert ist, in der die Welt als berechenbar, gleichförmig, verfügbar und machbar erscheint; kurz: als entmystifiziert und entzaubert.

Die Technisierung zwingt vermehrt zum Nachdenken über die emotionalen Kompensationen der Technik. So halten heute nur noch knapp 25% der Deutschen den „technisch-wissenschaftlichen Fortschritt" für erstrebenswert (Allensbacher Werbeträger Analyse 1996), die verbleibenden drei Viertel der Bevölkerung würden es lieber bei den jetzigen Verhältnissen belassen.

Folge: Die Wertschätzung einer emotionalen Dekoration des Alltagslebens nimmt im selben Maße zu, in dem der gesamte Alltag vermehrt von einem feinmaschigen Funktionsnetz zusammengehalten wird, auf dessen organisatorische Feinstrukturen die Menschen gedrillt sind. Was die Menschen in Deutschland kennzeichnet, ist nicht mehr und nicht weniger als eine verstärkte Suche nach emotionaler Inszenierung einer vielfach als nüchtern gedeuteten Umgebung. Diese Inszenierung reicht von der Präsentation demokratischer Institutionen bis zum Geschäftsbericht eines Unternehmens, vom Infotainment in den Medien bis zum Auftritt von Parteien und Politikern, von der Transparenz und Hautfreiheit in der Mode bis zur Berücksichtigung von Naturbezügen in der Architektur, von der Zunahme der Erlebniswelten in Kaufhäusern und Freizeitparks bis zur New-Age-Bewegung.

Die heute stärker emotional dekorierten Lebenswünsche und Lebensziele lassen sich auf den unterschiedlichsten Feldern ausmachen:

4.1. Die Erlebnisansprüche des neuen Konsumenten

In der nüchternen Konsum- und Dienstleistungswelt haben sich die Ansprüche des Konsumenten verlagert. Anstelle eines funktionalen Raumes wünscht er sich beispielsweise einen bewohnbaren Mikrokosmos mit angedeuteten emotionalen Symbolen, Erlebnisfelder für das Gespräch und das Auge, kommunikative Angebote, die vergessen lassen, daß zwischen Betriebswirtschaftlichem und Privatem eine Grenze gezogen wird. Der Verbraucher will eben nicht mit kühlen Repräsentationsgrundrissen und Design-Schnick-Schnack konfrontiert werden, sondern er will ein offenes Dorf. Er sucht nicht geklonte Würfel, sondern innere Vielgliedrigkeit. Vertraute Silhouetten und Fassaden sollen helfen, Geborgenheit in der Öffentlichkeit zu finden. Was der Verbraucher will, ist ambivalent: Privatheit in der Öffentlichkeit, Geborgenheit in der Masse, Vertrautheit in der Anonymität, Emotionalität in einer funktionalen Umgebung.

Der Gestus seiner Einstellung dient vor allem einem Ziel: einem Mehr an emotionaler Dekoration. Der neue Konsument in Deutschland sucht die Überwindung einer einseitigen nutzenorientierten Konsumweise; er sucht vermehrt das Erlebnis, den lustvollen Erwerb von Dingen, die Spaß machen. Er sucht letztlich nach Anschlußerlebnissen, die je nach Präferenz spielerische oder sportliche, volkstümliche oder musische, kommunikative oder sinnliche Motive erfüllen.

Für die gestiegenen emotionalen Dekorationswünsche spricht die Verbreitung einer Novität, deren Name das Herkunftsland Amerika verrät: das Urban Entertainment Center (UEC). Die monumentalen Spaß- und Erlebniswelten werden unsere Städtelandschaft nicht unbeträchtlich verändern. Gegenwärtig sind etwa 40 UEC geplant oder bereits im Bau, so etwa der spektakuläre Krystall-Palast in Leipzig. Die modernen Erlebniszentren weisen alle Versatzstücke emotionaler Dekoration auf wie Amüsierzonen, Fitneßbereiche, Badelandschaften, Multiplexkino, Themengastronomie, Musical-Theater, artifizielle Wunderwelten wie imitierte Südseestrände, Almhütten, interaktive Spielstätten bis hin zu einer Neun-Loch-Golfanlage und künstlich vereisten Kletterfelsen.

Die Kletterwand in Leipzig bietet beispielsweise sowohl Schönwetteralpinisten als auch Extremkletterern wahlweise ein trockenes Milieu oder aber einen vereisten Felssturz mit stufenlos verstellbarem Schneetreiben. Der Erfolg solcher Erlebniszentren liegt offenbar in der Bedienung tieferliegender emotionaler Bedürfnisse: etwa in der Begegnung mit Illusionsräumen, mit vorarrangierten Erlebnissen, in der Befriedigung von Sentimentalität, im Angebot einer perfekt inszenierten Ereignisdramaturgie oder in kommunikativen Angeboten, die sich auf ein gesteigertes Selbstwertgefühl, bzw. Kurzzeitheldentum des Publikums richten. Das Ziel der Entwicklung ist klar: Es soll eine inszenierte Welt geschaffen werden, die den Besucher in eine reale Traumwelt führt und bei ihm entsprechende emotionale Imaginationen auslöst. Der Besucher soll leiden, fühlen und genießen können, je nach Zustand und Bedürfnis. Dahinter steht das Kalkül, der Suche der Öffentlichkeit nach emotionaler Dekoration des Alltags eine passende Welt entgegenzusetzen und geschäftlich zu nutzen.

4.2. Die emotionale Dekorationsqualität von Gütern und Dienstleistungen

Die Abkehr von eher materiellen Dekorationswünschen des Verbrauchers belegt die Veränderung der Lebensziele der Deutschen. Es zeichnet sich eine Entwicklung zu einer einfachen, unprätentiösen Natürlichkeit im Lebensstil ab. Luxus, Exklusivität, Status und ähnliche Produktattribute verlieren langsam an Bedeutung. Dem bloßen Besitz von Gütern als reinem Statussymbol, Verschwendung und Überfluß wird immer häufiger eine Absage erteilt.

„Ich leiste mir gerne teure Sachen, Luxus macht das Leben schöner.“

Zustimmung in % der Bevölkerung (1992-1996).

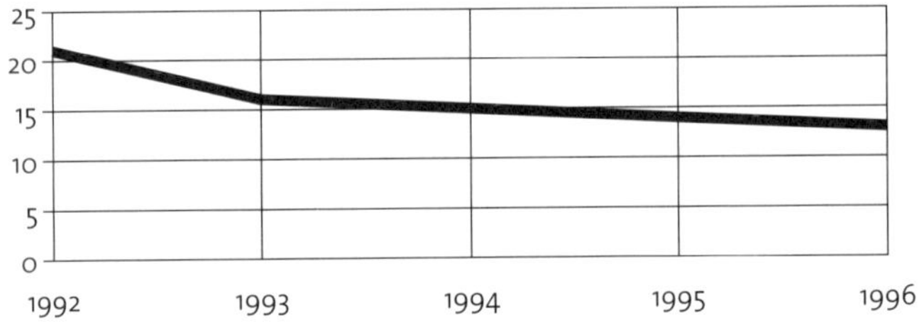

Quelle: BURDA – Typologie der Wünsche – eigene Darstellung

Grafik I.4.1: Entwicklung der Einstellung zum Luxus in Westdeutschland

Es fällt zudem auf, daß im Bereich des Designs ein Hang zum Nicht-Funktionalen zu beobachten ist. Die mehr oder weniger sinnliche Gestaltung der Oberfläche vorhandener Dinge scheint Vorrang zu besitzen vor Funktion und Idee: “die Marotte triumphiert über die Bedeutung, die Idiosynkrasie über die Aussage, der Geschmack über den Sinn” (Graff 1998). Das Design hat die Kunst der Gestaltung heute in die Nähe von lifestyle und lifestyle-Design geführt. Klassische Differenzen zwischen Emotion und Funktion gehen verloren.

4.3. Die neue Emotionalität im Dienstleistungsbereich

In der modernen Dienstleistungswelt ist eine wachsende Zahl von Berufen personen- oder besser: kommunikationsorientiert. Ihnen wird immer häufiger Emotionsarbeit abverlangt. Emotionsarbeit im Sinne des richtigen Ausdrucks von Gefühl zur richtigen Zeit am richtigen Ort. Inzwischen arbeiten über 50% der Frauen und nur unbedeutend weniger Männer in Berufen, die eine neue Art des Managements von Gefühlen verlangen; Gefühlsmanagement verstanden als betont hergestellter, öffentlich sichtbarer Körper- oder Gesichtsausdruck.

Arlie Hochschild (1990) illustriert diese Entwicklung anhand der wachsenden Gefühlsarbeit, die von Stewardessen erwartet wird. An ihrem Beispiel macht sie deutlich, daß der emotionale Tonfall zu einem grundlegenden Bestandteil der Arbeit geworden ist. Stewardessen werden trainiert, das persönliche Lächeln mit einer als „professionell" bezeichneten Gefühlshaltung zu verknüpfen: Lächeln als Markenzeichen der Fluglinie, Lächeln als unternehmerische Ressource und Lächeln als Kapital der Stewardessen. Erwartet wird, daß der emotionale Stil, in dem die Stewardessen ihre Dienstleistung anbieten, zu einem Teil ihrer selbst wird. Ihre Aufgabe ist es, den Passagieren eine „emotionale Dekoration" in dem Sinn zu bieten, daß sie den Eindruck eines persönlichen Gastes, den Eindruck von Nähe, Sympathie und Wärme gewinnen. Welches Gewicht diese Form der Dekorationsarbeit inzwischen erhalten hat, belegen die „Burn out"-Phänomene von Stewardessen: Die permanente Ausrichtung der eigenen Gefühlslage an die gestiegenen emotionalen Bedürfnisse der Passagiere führt tendenziell dazu, die eigene emotionale Identität zu verlieren.

Eine ähnliche Form emotionaler Dekoration verlangt beispielsweise die amerikanische Handelskette Safeway ihren Mitarbeitern ab. Vor ca. fünf Jahren startete der kalifornische Konzern eine Freundlichkeitsinitiative mit einem vertraglich verordneten „Lächelzwang". Akribisch wurden die Regeln für die etwa 150 000 Mitarbeiter definiert: „Ein Kunde geht vorbei? Immer Augenkontakt herstellen, den Kunden strahlend willkommen heißen. Wer mit der Kreditkarte zahlt, soll mit dem Namen verabschiedet werden. An der Kasse stets lobende Worte über die gelungene Auswahl der Produkte fallenlassen." Wer von den Mitarbeitern dem Lächelanspruch nicht Folge leistet, muß sich in einer „Schule des Lächelns" mit der geschäftlichen Bedeutung solch emotionaler Dekorationsleistungen näher befassen und sie entsprechend trainieren. Auch hier trägt der normative Anspruch der Freundlichkeitspolitik zu einer wachsenden Emotionsausrichtung der Mitarbeiter bei.

Die neue Bedeutung der emotionalen Dekoration des Lebens hat für viele Berufe zur Folge, daß ihre Berufsrollendefinition vor dem Hintergrund massiv gestiegener Emotionserwartungen der Kunden und Öffentlichkeit umgeschrieben werden muß. Es ist also der tagtägliche Anspruch auf den Ausdruck positiver Gefühle gegenüber Menschen, mit denen keine positiven Gefühle verbunden werden, denen man als Beschäftigter im Dienstleistungssektor ausgesetzt ist (vgl. Badura 1990).

Fazit: Die gestiegene Bedeutung der emotionalen Dekoration in Deutschland hat dazu geführt, daß Dienstleistungsberufe generell nicht mehr ohne weiteres von Emotionsarbeit zu trennen sind: Politiker müssen Volksnähe demonstrieren, Verkäufer auf der Klaviatur der informellen Beziehungsebenen spielen, Manager neben Pragmatismus vor allem Glaubwürdigkeit repräsentieren, Ärzte Verständnis dokumentieren, Hotelmanager ein Gefühl des Willkommenseins, Krankenschwester oder Sozialarbeiter ein Gefühl des „Umsorgtseins" vermitteln, PR-Verantwortliche Respektempfindungen gegenüber der Öffentlichkeit darstellen etc. Sie alle müssen in der einen oder anderen Weise Gefühlsarbeit oder Emotionsmanagement leisten. Für das Berufsprofil im Dienstleistungssektor gilt vermehrt der emotionale Imperativ.

4.4. Die emotionale Dekoration des gesellschaftlichen Lebens

Auch in der Gesellschaft selbst ist das Bedürfnis nach emotionalen Dekorationsformen gestiegen. Aus empirischen Wertstudien geht hervor, daß Konsensräume gesucht werden, die von Werten wie Harmonie, Unversehrtheit, Kommunikation und Gerechtigkeit gebildet werden (Herbert 1988). Je mehr in allen Bevölkerungsschichten die Bedeutung von Gemeinsamkeit und Einvernehmen bei gleichzeitigem Selbstentfaltungsanspruch steigt, desto nachhaltiger werden die individualistischen Tendenzen mit emotionalen Konsenswünschen verbunden. In eine Rangfolge gebracht, liegt der Wert der Emotionalität inzwischen vor Lebensstandard, Individualismus, Nationalstolz und Tradition.

In Zeiten rascher Veränderungen und damit verbundener Orientierungsprobleme wird die Signalfunktion der Gefühle immer wichtiger. Die Menschen hören vermehrt auf Gefühle, um sich selbst zu orten. Die Suche nach schützender Geborgenheit, nach einem festen emotionalen Rahmen des Alltags ist wesentlich weiter verbreitet als das individualistische Streben nach Unabhängigkeit. 70% der Deutschen erachten Geborgenheit als besonders wichtig (Allensbacher Werbeträger Analyse 1996). Erst die emotionale Dekoration des gesellschaftlichen Lebens ermöglicht Halt und Integration in Zeiten dynamischen Wandels.

Dazu ein Beispiel: In der Berufswelt nehmen emotionale Attribute des Arbeitsplatzes an Wertschätzung deutlich zu. Namentlich jüngere Menschen formulieren neuartige „emotionale Dekorationswünsche“, wie z.B. ein Milieu von „Geborgenheit“, von „Teamwärme“, von „Spaß“ und „Solidarität“ (vgl. Eurobarometer).

Oder ein weiteres Beispiel: Die neue Spannweite der Dekorationssehnsüchte markieren jene Freizeittempel, die von Musical-Produktionen als emotionale Ankernutzung leben: Auch hier vollzieht sich ein öffentliches Leben, das durchtränkt ist von symbolisch unterlegten Integrationsgesten. Nicht umsonst spricht der Religionswissenschaftler Arno Schilson im Zusammenhang von Musical-Theatern von säkularisierten Wallfahrtsorten, in denen der Alltag bewältigt wird. Die meist inhaltsfreie Ästhetik der Musicals befriedigt die Sehnsucht nach vagabundierenden Tagträumen, ihr dynamischer Farbenzauber ist nichts weiter als ein Reflex auf die uralte Lichtsymbolik, die sich beim Zuhörer in eine symbolische Ruhe umkehrt: Was im Alltag den Atem zu nehmen droht, erscheint im Musical als emotionaler Anker.

Ein letztes Beispiel: Obwohl in Deutschland das Verhältnis zwischen Bevölkerung und Kirche, bzw. kirchlicher Praxis als eher indifferent bis distanziert bezeichnet werden kann (Meulemann 1996), wird in religiösen Feiern eine Art Ausgleich für den von emotionaler Inszenierung entleerten Alltag gesucht: Kirchlich feiern würden 64% der deutschen Bevölkerung die Geburt eines Kindes, 67% die Heirat und 75% die Beerdigung (EVSSG, Internationale Wertestudie 1990, Lambert 1998). Selbst bei den 18-29jährigen legen 47% Wert auf eine Taufe, 54% auf eine kirchliche Hochzeit und 64% auf eine kirchliche Beerdigung, obwohl sich insgesamt nur 37% der Jugend als religiös bezeichnet und nur 4% Religion als sehr wichtig in ihrem Leben sehen. Daraus läßt sich folgern, daß sich unter der Jugend das Christentum zu einer Religion der Entfaltung im Diesseits entwickelt hat und dazu bestimmt ist, den Alltag im Sinn einer emotionalen Dekoration aufzuwerten (Lambert 1998).

4.5. Die Bedeutung der New-Age-Bewegung: Suche nach emotionaler Verankerung

Die New-Age-Bewegung ist ebenfalls exemplarischer Ausdruck eines Aufbegehrens gegen eine von Gefühlen entleerte Welt und der Suche nach emotionaler Verankerung des Lebens. Kennzeichnend hierfür ist eine Reihe von „parallelen Glaubensvorstellungen“ wie Telepathie, Okkultismus, Spiritismus, esoterische Szenen, Energieströme. Phänomene wie kosmisches Bewußtsein oder Mystik in den verschiedensten Ausprägungen finden immer mehr Anhänger in Deutschland, namentlich unter der Jugend (Lambert 1998).

Die New-Age-Bewegung bildet ein wachsendes Netzwerk lokaler und überlokaler Gruppen, die von der Sonnenbogen-Gemeinschaft über die „Mutter Erde“-Bewegung bis zu Wassermann-Zentren reichen. Inzwischen gibt es im deutschsprachigen Raum mehr als 1750 New-Age-Zentren, die Schulungen zu den verschiedensten Themen sowie praktische Anleitungen zu Meditation, Körpertechniken, Reinkarnationstherapien etc. durchführen. Untermauert wird die wachsende Bedeutung der New-Age-Bewegung durch die steigende Zahl von sogenannten Mystery-Serien im Fernsehen. Die Beliebtheit dieser Formate ist deutlich gestiegen. Im Mittelpunkt der entsprechenden Produkte stehen in der Regel irrationale Phänomene, die auf eine mystische Welt verweisen und der Realität einen neuen emotionalen Zauber verleihen sollen. Diese Entwicklung ist Anzeichen einer zunehmenden Verbreitung diffuser religiöser Vorstellungen und entinstitutionalisierter Religiösität. Dahinter steckt die Suche nach neuen Sinnhorizonten, Möglichkeiten der Spiritualität und Meditation sowie nach neuen Formen der emotionalen Dekoration des eigenen Lebens.

5. Die Enttabuisierung von Emotionalität

Emotionen unterliegen einer zunehmenden Enttabuisierung in Deutschland. Damit kehrt sich zugleich ein historischer Prozeß um: Gefühle werden immer weniger heruntergeschluckt, sie werden weniger diszipliniert und kontrolliert. Im Gegenteil: Die Tendenzen des Ausbruchs aus Selbstzwängen werden immer deutlicher. Ältere Formen des höflichen Umgangs unter den Menschen nehmen vermehrt ab, man schluckt seinen Unmut nicht mehr ohne weiteres hinunter; viele Verhaltensweisen sind nicht mehr mit Scham und Peinlichkeitsgefühlen besetzt, die Affektkontrolle nimmt tendenziell ab; Aggressionen nehmen zu, Verletzungen von Gefühlen anderer werden vermehrt stillschweigend in Kauf genommen: Alles in allem setzt ein Prozeß ein, den man auch mit dem Begriff „Enttabuisierung von Gefühlsregeln und Ausdrucksnormen“ beschreiben kann.

Für die Enttabuisierung von Gefühlen sprechen folgende Entwicklungen:

- Den Menschen wird immer weniger eine emotionale Eigensphäre zugestanden. Ihnen wird vielmehr Offenheit im Sinn der Offenlegung auch intimster Regungen abverlangt.
- Die Grenzziehung zwischen Intimsphäre und Privatsphäre einerseits und öffentlicher Sphäre andererseits hat sich deutlich verschoben. Das diese Grenzen charakterisierende Taktgefühl ist aufgeweicht und hat an steuernder Kraft verloren.
- Medien machen privateste Emotionen öffentlich und sind insoweit Vorreiter in der allgemein zunehmenden Enttabuisierung und Trivialisierung von Emotionen.
- Der Anspruch nach Deckung emotionaler Bedürfnisse wird direkter und freier geäußert.
- Takt-, Scham- und Peinlichkeitsgrenzen werden immer weiter zurückgeschoben. Der Ausdruck von Emotionen zeigt wachsende Spielräume.
- Gefühle gelten vermehrt als öffentlich debattierbar und verhandelbar.

Die neue Enttabuisierung von Gefühlen läßt sich sehr gut an der zunehmenden öffentlichen Versprachlichung von Gefühlen erkennen. Gemeint ist damit die wachsende Auseinandersetzung mit den eigenen Emotionen – zu sagen, was man empfindet, ob man Angst hat, betroffen ist, sich schämt oder über jemanden wütend ist. Der öffentliche Umgang mit den eigenen Gefühlen überführt die Emotionen aus der Privatsphäre in die öffentliche Arena.

Die Folge: Tabus auf der Gefühlsebene werden vermehrt aufgebrochen. Früher tabuisierte Themen wie Haß gegenüber den Eltern, Ehebruch, Treueverletzungen, Aggressionen gegen Partner werden zunehmend multimedial in die Öffentlichkeit getragen und lösen kaum noch Kopfschütteln aus. Auch die öffentliche Trivialisierung religiöser Gefühle, wie sie z.B. die Otto-Kern- oder Benetton-Werbung praktizierten, wird nur noch am Rande geahndet. Es gibt kaum noch ein emotionales Thema, das nicht der öffentlichen Thematisierung unterzogen würde. Privatheit und Öffentlichkeit lassen sich nicht mehr trennen. Damit ist das Gleichgewicht zwischen öffentlichem Leben und Privatleben gestört. Gefühle werden zu einer „öffentlichen Angelegenheit". Die Welt intimer Empfindungen wird nicht mehr von einer öffentlichen Welt begrenzt, die eine Art Gegengewicht zur Intimität darstellt (vgl. Sennett 1998). Und umgekehrt: Der Öffentlichkeit werden vermehrt Kategorien des Privatlebens übergestülpt. Man könnte fast von einer Privatisierung, einer Art emotionalen Eingemeindung des öffentlichen Raums sprechen.

Für diese Entwicklung sprechen eine ganze Reihe verschiedene empirischer Befunde:

5.1. Distanz gegenüber gesellschaftlichen Zwängen

Die Deutschen gestalten ihr Leben primär nach eigenen Wünschen und Bedürfnissen. Wie die Daten des Wohlfahrtssurvey 1993 belegen, orientieren sich gut 70% der Deutschen an ihren eigenen Befindlichkeiten. Entsprechend „kümmert man sich nicht um gesellschaftliche Normen und Zwänge". Über die Hälfte der Deutschen (53,9% West und 47% Ost) treten den gesellschaftlichen Normen und Zwängen distanziert gegenüber. Das „offene Zeigen und Ausleben von Gefühlen" wird von einer überwiegenden Mehrheit der bundesdeutschen Bevölkerung (66,6%) als wichtig erachtet, wie eine Untersuchung des Sozio-ökonomischen Panels (SOEP) von 1993 ergibt.

Ein weiteres Beispiel für die Distanz gegenüber gesellschaftlichen Zwängen zeigt die zunehmende Gleichgütigkeit gegenüber Anstandsregeln oder Höflichkeitsritualen. Zwar werden Höflichkeitsregeln formal geschätzt, de facto haben sie aber in vielen Bereichen des gesellschaftlichen Umgangs an Bedeutung verloren und scheinen laut Sennett nur noch bei einigen Snobs in Verwendung zu sein (Sennett 1998). Die Mißachtung, bzw. Unkenntnis dieser rituellen Formen der Gemeinschaftlichkeit und Geselligkeit beschreibt sehr deutlich die Gewichtsverlagerung von dem durch rituelle Verpflichtungen gekennzeichneten öffentlichen Habitus zum unmittelbaren emotionalen Ausdruck der eigenen Befindlichkeit in allen Lebensbereichen.

„Ich kümmere mich nicht um gesellschaftliche Normen und Zwänge."

Zustimmung in % der Bevölkerung (1993).

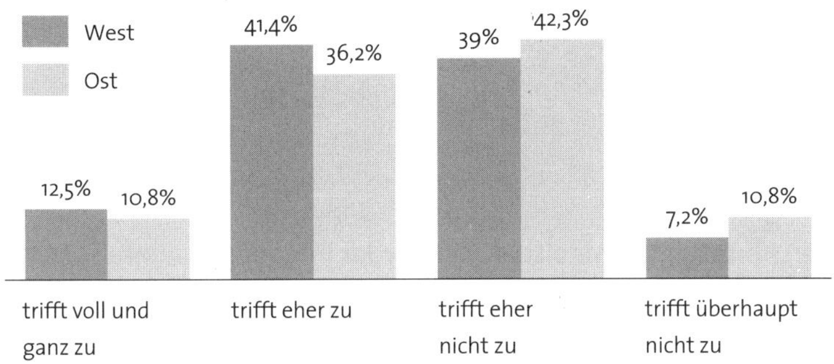

Quelle: Wohlfahrtssurvey 1993 – eigene Darstellung

Grafik I.5.1: Distanz gegenüber gesellschaftlichen Zwängen I

„Ich gestalte mein Leben in erster Linie nach eigenen Wünschen und Bedürfnissen."

Zustimmung in % der Bevölkerung (1993).

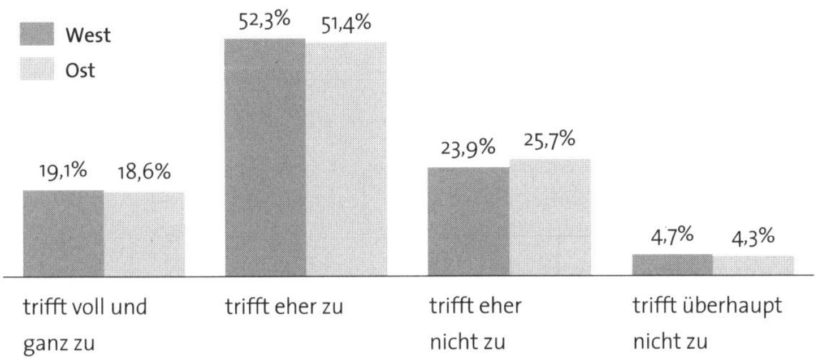

Quelle: Wohlfahrtssurvey 1993 – eigene Darstellung

Grafik I.5.2: Distanz gegenüber gesellschaftlichen Zwängen II

Auch die Tatsache, daß Verstöße gegen die Werte der Ehe und Familie sowie des fremden und eigenen Lebens vermehrt akzeptiert werden, macht die Distanz gegenüber gesellschaftlichen Zwängen sichtbar. Die Verurteilung der Übertretungen moralischer Gebote wird stetig geringer; ganz gleich, ob es ums Schwarzfahren, ums Lügen oder um außereheliche Verhältnisse geht. Die Selbstverpflichtung auf moralische oder rechtliche Grundsätze unterliegt einer zunehmenden Erosion. Verpflichtungen werden zunehmend einer Art Augenblicksbefindlichkeit unterstellt und als disponibel gedeutet.

Frage: „Könnten Sie mir bitte für jeden der folgenden Punkte sagen, ob Sie das grundsätzlich für falsch halten?"

Verurteilung der Übertretungen moralischer Grundsätze in % der Bevölkerung (1981-1995). Dargestellt sind die Prozentsätze für strikte und überwiegende Ablehnungen.

	1981	1990	1994	1995
Werte: Regel der Reziprozität				
Schwarzfahren	80	78	78	75
Steuern hinterziehen	76	68	67	63
Gefundenes Geld behalten	73	62	52	55
Für den eigenen Vorteil lügen	65	56	45	44
Werte: Ehe und Familie				
Geschlechtsbeziehungen zwischen Minderjährigen	73	66	60	
Außereheliches Verhältnis	73	64	59	
Prostitution	58	48	38	
Sich scheiden lassen	33	21	16	
Werte: fremdes Leben				
Abtreibung	51	39	40	
In Notwehr töten	46	31	27	

Quelle: Allensbach 1995 – eigene Darstellung

Grafik I.5.3: Akzeptanz moralischer Gebote in Westdeutschland

5.2. Zunahme gruppendynamischer und therapeutischer Seminare

Die Nachfrage nach gruppendynamisch-therapeutischen Seminaren und Veranstaltungen hat sich seit 1970 vervielfacht. Der Markt therapeutischer Sinnangebote für alle Lebenslagen expandiert seit zwei Jahrzehnten. Mit der Inflation der Angebote steigt zugleich der Kreis der Adressaten. Die Therapie für jedermann, getreu dem Motto „You don´t have to be sick to get better“, boomt. Es geht heute nicht mehr hauptsächlich um die Behandlung eines seelischen Leidens, sondern um die Erweiterung des emotionalen Erlebnishorizonts. Die Angebote richten sich auf die eigene Befindlichkeit, den eigenen Körper, die eigenen Gefühle. Zu nennen sind hier Sessions verschiedenartigster Arrangements, ferner Workshops für Fort- und Weiterbildung sowie schließlich Angebote gehobener erlebnisintensiver Freizeitgestaltung oder Kuraufenthalte, körperlich-seelische Entschlackung inbegriffen (Nau). Der zunehmenden Nachfrage nach solchen Veranstaltungen liegen Motive zugrunde wie Erlebnishunger statt Routine, Harmonie statt Konflikt, Geborgenheit statt atmosphärischer Kühle, Anlehnung statt Konfrontation, Körper- und Gefühlsorientierung statt intellektueller Debatte. Verbunden damit ist letztlich die Hoffnung, Identitätsbereicherung zu erlangen sowie die Sehnsucht nach Kontakt, Zuwendung, Liebe, bzw. der Wunsch, die eigene gesteigerte Sensibilität zu erfahren. Die Versprachlichung der eigenen Befindlichkeit sowie das ratgeberangeleitete Nachdenken über sich selbst schaffen neue Formen einer Art öffentlichen Modellierung von Emotionen.

5.3. Das Thema Emotionalität in den Medien

Einen Boom auf dem Psychotherapiesektor verzeichnet auch der deutsche Buch- und Medienmarkt. Anfang der 70er Jahre kam es zu einem geradezu explosionsartigen Anstieg von Büchern, Aufsätzen und Beiträgen, die sich mit den unterschiedlichsten Facetten emotionaler Befindlichkeiten befassten. Titel und Auflagen zum Thema Emotionalität vervierfachten sich innerhalb kurzer Zeit (Angermeyer/Kühn). Kein anderes Genre auf dem Büchermarkt erreichte die gleichen Zuwachsraten. Gefühlsprozesse, auch intimster Natur, gelten inzwischen in der Verlags- und Medienwelt als öffentlich debattierfähig, öffentlich diskussionswürdig.

Fazit: Die expansive Konjunktur auf dem „emotionalen" Büchermarkt spricht dafür, daß die öffentliche Verhandlung von Gefühlen inzwischen gesellschaftsfähig geworden ist.

Auch die Ausweitung sogenannter Affektthemen in den diversen Talkshows des Fernsehens weist in die gleiche Richtung. Gerade investigative TV-Moderatoren fragen in der Regel in tabubrecherischer Absicht ihre Gesprächspartner nach ihren Gefühlen. Der Entlarvungsgestus der Sendungen zielt eher auf Gefühle als auf Sachzusammenhänge. Die pure Darstellung von Fakten gilt vielfach als „Gefühlskälte", als „vorgeschobene Argumente" oder als „uneigentlich". Wer über Sachlagen spricht – so lautet die moderne Auffassung – hat etwas zu verbergen. Authentizität ist an die Stelle von Sachkenntnis getreten. Dabei geht es nicht mehr um das Argument, sondern um die Frage, ob die hinter einem Argument verborgene Motiv- und Gefühlsschicht dem moralischen Anspruch der Zuschauer genügt.

5.4. Informalisierung in den zwischengeschlechtlichen Beziehungen

Wouters untersucht den Wandel der Geschlechtsbeziehungen von 1930 bis 1985. Umgangsformen und Verhaltensstandards haben sich in dieser Zeit grundlegend geändert. Sowohl äußere Regeln der Emotionskontrolle als auch die Orientierung an allgemein akzeptierten Verhaltensstandards der Gesellschaft haben signifikant an Kraft eingebüßt. Die früher gewahrte Distanz der zwischengeschlechtlichen Beziehungen wird heute als gezwungen empfunden. An ihre Stelle ist größere Nähe, Informalisierung sowie die Verlagerung von der Fremd- zur Selbststeuerung getreten. Emotionen sind der Tendenz nach enttabuisiert und werden durch individuell auszuhandelnde Regelungen kontrolliert.

Auch die Trennung von Privatheit und Öffentlichkeit innerhalb von Wohnungen wird zusehends obsolet: In den neuen, bei allen Generationen und sozialen Gruppen stark zunehmenden Lebensformen wie Wohn- und Hausgemeinschaften zeigt sich eine Öffnung der Privatsphäre gegenüber der Nachbarschaft. Gewohnte Scham- und Peinlichkeitsschwellen werden gesenkt. Der Kodex der physischen Intimität lockert sich. Die Gründungen von Haus- und Wohngemeinschaften sind also weniger pragmatisch durch eine Minimierung der Lebenshaltungskosten motiviert, als vielmehr durch die Suche nach emotionaler Sicherheit, Solidarität und Kommunikation (Peuckert 1996).

5.5. Aufweichung der Emotionskontrolle im Sexualverhalten

Eine deutliche Aufweichung der Emotionskontrolle konstatiert auch Clement in seiner Studie über das Sexualverhalten deutscher Studierender (Clement 1986). Er beschreibt eine grundlegende Abkehr der Studierenden von herkömmlichen Kontrollnormen der Ehe sowie eine damit verbundene stärkere Orientierung an den Eigenbedürfnissen, wie immer sie gedeutet werden. Herkömmliche Tabugrenzen des Emotionsausdrucks werden ersetzt durch frei auszuhandelnde paarbezogene Formen des Gefühlsausdrucks. Auch Treuenormen werden vermehrt umgedeutet: Sexueller Treuebruch gilt nicht a priori als sanktionsfähig, sondern ausschließlich im Kontext der jeweiligen Situations- und Beziehungsumstände. Sexualität ist damit ihren herkömmlichen Tabugrenzen enthoben. Sie dient zunehmend den emotionalen Eigenbedürfnissen der einzelnen Partner. Die Paare artikulieren zugleich die Grenzen des Takt- und Schamgefühls und machen damit den Weg für eine zunehmende Enttabuisierung von Emotionalität frei.

5.6. Veränderte Wahrnehmung des Körperlichen

Ein weiteres Kennzeichen für die Enttabuisierung von Emotionalität ist die veränderte Wahrnehmung des Körpers. Der früheren Distanz zum Körper durch Normen der Scham tritt heute ein neues Körperbild entgegen. Emotionen und ihr freier, ungezwungener körperlicher Ausdruck gelten als Anzeichen für das unverfälschte wahre Selbst der Menschen. Die Wiederkehr des „Körpers“ macht sich in vielen Bereichen bemerkbar: in der Aufwertung der Körperpflege, der Gesundheit, der Mode, des Sports oder in den diversen Formen der ungezwungenen informellen Körperinszenierung. Der einzelne entwickelt sich zum Moderator seines Körpers, er fungiert als Arrangeur des körperlichen Ausdrucks seiner Gefühle. Den sozialen Überforderungen der Umwelt wird ausdrücklich die Körperlichkeit entgegengestellt. „Wenn überhaupt etwas hilft, dann die Bewegung; wenn überhaupt etwas wichtig ist, dann die Gesundheit. Die Rettung kommt aus dem Körper, sei es der nackte Körper, der gebräunte Körper, der joggende Körper oder der durch die Körpertherapien geschleuste Körper." (Rittner 1982). Früher eher peinliche körperliche Ausdrucksformen gelten heute als Inbegriff von Gesundheit (z.B. der Schweiß der Sporttreibenden) und eines neuen emotionalen Selbstbewußtseins.

6. Wachsende Vertrauensdefizite in Deutschland

Die Beziehungen zwischen Öffentlichkeit und Institutionen wie Kirche, Parteien, Erziehungswesen, Justiz, Gewerkschaften, Medien oder Wirtschaftsunternehmen haben sich in den vergangenen beiden Jahrzehnten nachhaltig verändert. Sie haben sich stärker von der Leistungsebene auf die Vertrauensebene verlagert. Glaubwürdigkeit und Vertrauen besitzen angesichts der Komplexität politischer und wirtschaftlicher Prozesse eine größere Bedeutung als früher. Vertrauen ist heute eine zentrale Kategorie öffentlicher Emotionalität.

Dem gestiegenen Anspruch nach Vertrauensbedürfnissen tragen die meisten Institutionen in Deutschland hingegen kaum Rechnung.

Insbesondere das Vertrauen in Unternehmen ist seit einigen Jahren rückläufig. War früher das Verhältnis der Öffentlichkeit zu den Unternehmen stärker von Aspekten der technischen Ebene, d.h. der Qualitätsebene, der Produktebene, der Ebene des Know-hows und Fachkompetenz geprägt, so hat sich dies inzwischen gründlich geändert. Die wachsende Bedeutung emotionaler Fragen stellt die Beziehung zwischen Öffentlichkeit und Unternehmen auf eine neue Plattform: auf die Ebene von Vertrauen, Glaubwürdigkeit, Verläßlichkeit und gesellschaftlicher Verantwortung.

Vertrauensbekundung in Institutionen

Angaben in % der Bevölkerung.

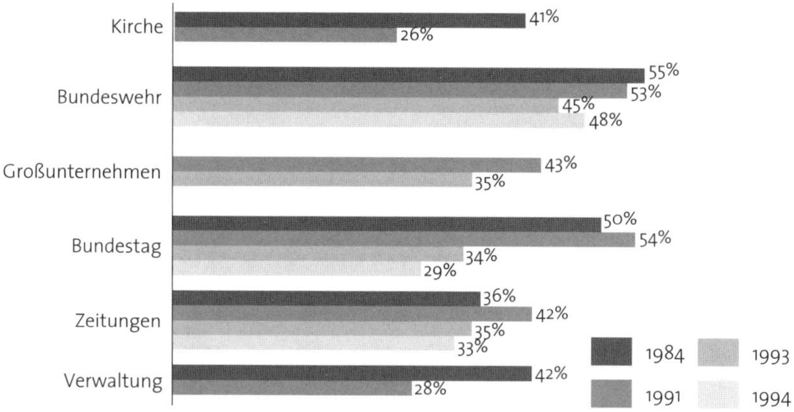

Quellen: 1984: Allbus; 1991: Allensbach; 1993: Allensbach; 1994: Allbus - eigene Darstellung

Grafik I.6.1: Vertrauen in Institutionen – Westdeutschland

Die gestiegenen emotionalen Vertrauensansprüche werden von den Unternehmen nicht eingelöst. Im gleichen Maße, in dem die emotional gefärbten Vertrauensansprüche zunehmen, sinkt das Vertrauen in die deutschen Unternehmen. Dafür sprechen folgende Faktoren:

- Zwei Drittel der Bevölkerung setzen 1993 wenig oder kein Vertrauen in Unternehmen (65% in Westdeutschland, 62% in den neuen Bundesländern). Noch 1991 war deutlich mehr Vertrauen zu spüren (Allensbach 1997 u. Allensbach 1993).
- Auch die Frage nach der idealen Welt des Bundesbürgers weist auf das mangelnde Vertrauen in Großunternehmen hin. Nur für 28% der Bevölkerung gehören Großunternehmen zum Bild von einer idealen Welt – mit deutlich abnehmender Tendenz (Allensbach 1997).
- Generell wird wenig Vertrauen in die Fähigkeiten leitender Manager gesetzt. Im Jahre 1996 äußern 65% der Bevölkerung Zweifel, daß kompetente Leute an der Spitze der Unternehmen stehen (Allensbach

Vertrauensbekundung in Institutionen

Angaben in % der Bevölkerung.

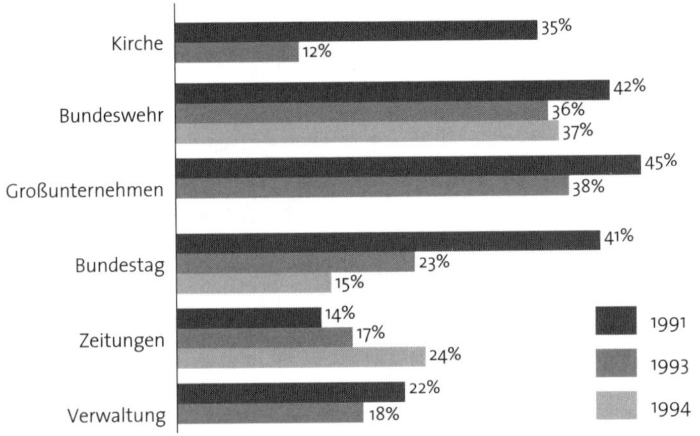

Quellen: 1991: Allensbach; 1993: Allensbach; 1994: Allbus – eigene Darstellung

Grafik I.6.2: Vertrauen in Institutionen – Ostdeutschland

1997), während nur 24% überzeugt waren, Vertrauen in die Kompetenz der Manager setzen zu können.

- Schließlich signalisiert die wachsende öffentliche Wertschätzung des Verbraucherschutzes ein generelles Mißtrauen gegenüber den Unternehmen. Je nach Branche ist die wahrgenommene Bedeutung des Verbraucherschutzes deutlich gestiegen (Allensbach 1997).

Fazit: Wachsende Vertrauensdefizite, nicht nur in Unternehmen, sondern auch in Demokratie, Justiz, Verwaltung und Kirchen kennzeichnen die emotionale Landkarte Deutschlands. Die modernen Institutionen werden den gestiegenen emotionalen Orientierungsbedürfnissen der Deutschen nicht mehr gerecht. Der neue Stellenwert eines stärker

„Der Verbraucherschutz ist in folgenden Bereichen nicht in vollem Umfang gewährleistet (Mangel an einwandfreien Waren, Mangel an korrekter Bedienung, Übervorteilung des Kunden).“

Zustimmung in % der Bevölkerung (1994).

Quelle: Allensbach 1997 – eigene Darstellung

Grafik I.6.3: Wertschätzung des Verbraucherschutzes

emotional betonten Lebensstils macht Vertrauen notwendig. Seine Funktionen sind vielfältig: Vertrauen entlastet, Vertrauen schafft Sicherheit, Vertrauen enthebt von aufwendigen Kontrollen, Vertrauen reduziert soziale Komplexität, Vertrauen schafft Raum für emotional unterlegte Lebensansprüche. Daher ist die Vertrauenssensibilität in Deutschland generell gewachsen und werden Vertrauensverstöße direkter und emotionaler beantwortet.

7. Die neue Dominanz von emotionalen Werten in Deutschland

Der Wertwandel in der Bundesrepublik signalisiert einen deutlichen Wandel in der Emotionskultur. Die wachsende Bedeutung postmaterialistischer Werte wie Liebe, Selbsterfüllung, Lebensgenuß sowie die gleichzeitige Rückstufung von Pflicht- und Akzeptanzwerten weist auf eine grundsätzliche Prioritätsverschiebung hin: eine stärkere Orientierung an Eigenbedürfnissen und gleichzeitig ein allmählicher Verzicht auf Affektkontrollen. Diese Verschiebung ist facettenreich (vgl. Hillmann 1989):

- Betonung von Wärme, Geborgenheit gegenüber Anonymität,
- Betonung von Ungezwungenheit, Natürlichkeit gegenüber rituellen Normen des guten Benehmens,
- stärkere Bejahung der Gefühlswelt gegenüber Konformitätsdruck,
- wachsende Bedeutung von Intuition, Spiritualität gegenüber Rationalität,
- stärkeres Bekenntnis zu Vitalbedürfnissen/Gesundheit gegenüber Triebunterdrückung,
- Aufwertung des sinnlichen Lebensgenusses gegenüber materiellem Genuß,
- wachsender Stellenwert von Ästhetik, Kreativität, Spiel gegenüber Routine und rationalen Prozeßverläufen.

Fazit: Menschen, die immaterielle Werte bevorzugen, sind entsprechend weniger bereit, ihre Emotion zu verbergen; ihre Bereitschaft, erlebte Empfindungen zu disziplinieren, ist geringer zu veranschlagen.

Für eine generelle Zäsur im Werte-Ranking der Deutschen sprechen zahlreiche Hinweise:

7.1. Neues Zeitgefühl der Deutschen

Die neuen emotional betonten Wertorientierungen in Deutschland drücken sich vor allem in einer stärker auf die Gegenwart und auf den Augenblick bezogenen Daseinsauffassung aus. Die Zukunft verliert demgegenüber an Bedeutung. Die Folge: Die allgemeine Wartebereitschaft geht verloren. Die Deutschen sind immer weniger bereit, sich in einer Art gedachten Warteschlange einzureihen, um ihre emotional gefärbten Augenblicksansprüche bedienen zu lassen. Die Vertagung von Bedürfnissen wird immer weniger hingenommen. Statt Bedürfnisaufschub dominiert eine Jetzt-Erlebnis-Moral. Dahinter steht die Hoffnung, sich ein volleres Leben zu verschaffen, statt an ferner gelegenen Zielen zu orientieren. Generell nimmt die emotional unterlegte „Hier und Heute"-Mentalität an Bedeutung zu.

Die Konsequenzen für die Unternehmen liegen auf der Hand: Die sofortige Verfügbarkeit von Produkten, Dienstleistungen, Service und Informationen nimmt an Wertschätzung deutlich zu. Verfügbarkeit wird zu einem hohen Eigenwert, weil Lebenserfüllung als augenblicksbetonte Selbsterfüllung gedeutet wird. Was nicht lieferbar oder kurzfristig terminierbar ist, verliert seine Bedeutung und langfristig auch seinen Markt. Für die Deutschen rangiert Verfügbarkeit direkt neben Qualität und Preis.

Das verstärkte Gegenwartsbewußtsein der Deutschen hat zweitens zur Folge, daß sich die Menschen immer weniger dauerhaft „festlegen". Wer hier und heute emotional gefärbte Selbsterfüllung sucht, distanziert sich vermehrt von Dauerbindungen. Dauer als Ausdruck moralisch begründeter Verpflichtung, als Ausdruck verläßlicher Konstanz verliert allmählich an Wertschätzung. Die neue Dominanz emotionaler Werte läßt nicht mehr zu, Ereignis- und Erlebnisangebote zu vertagen. Indem Zeit immer weniger in Zukunftssequenzen zerlegt wird, in denen sich Ereignisse oder Ansprüche in einer Art Warteschleife verläßlich abarbeiten lassen, werden Dauerbindungen vermehrt als Erlebnisblockaden gedeutet. Mit anderen Worten: Dauerhaftigkeit wird durch revidierbare Augenblicksoptionen ersetzt, die Chance auf jederzeit verfügbare Lebensalternativen tritt an die Stelle von Selbstverpflichtung, Dauerbindungen unterliegen der legitimen Revision durch emotional gefärbte ad hoc-Lebensentwürfe.

7.2. Lebensgefühl rangiert vor Lebenszielen

Eine Längsschnittuntersuchung zur Fragestellung, ob das Leben eher als „Aufgabe“ gedeutet wird oder dem „Genießen“ dient, macht einen neuen Trend sichtbar. Aspekte des „Lebensgenusses“ treten vermehrt anstelle traditioneller Auffassungen, das Leben als Aufgabe zu sehen. Positiv bewertete Erlebnisgefühle avancieren zu einem Eigenwert, der dem Alltagshandeln stärker unterlegt wird. Die verbreitete Richtschnur neuer Lebenskonzepte lautet: Negative Emotionen vermeiden und konsequent nach angenehmem „Feeling“ streben (vgl. Gerhards 1988).

Lebensziel: Das Leben als Genuß oder als Aufgabe?

Angaben in % der Bevölkerung (1956-1996).

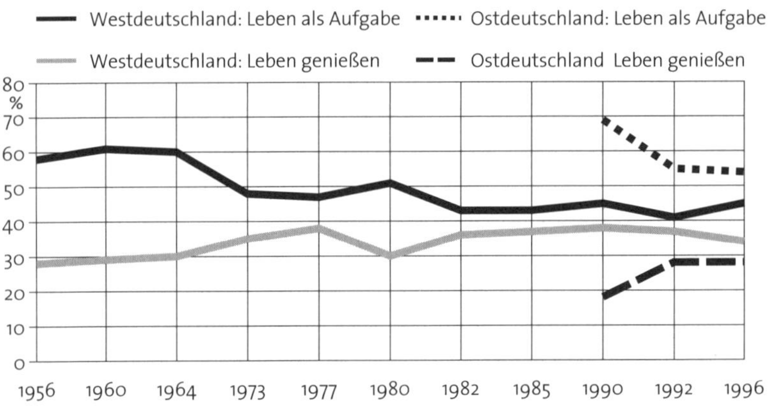

Quelle: Allensbach 1997 – eigene Darstellung

Grafik I.7.1: Lebensziele der Deutschen

7.3. Erziehungsziele orientieren sich an Eigenbedürfnissen

In der Erziehung spielen emotional betonte Ausdrucksformen eine zunehmende Rolle. Erziehungsziele von Elternhaus und Schule sind nicht mehr primär auf Selbstdisziplin, Konformität und Anpassung gerichtet, sondern auf Werte wie Autonomie, Selbständigkeit, Durchsetzungsvermögen und Individualität. Damit hat die Orientierung an von außen auferlegten Pflichten und Normen an Kraft eingebüßt. An ihre Stelle ist ein neues Leitbild getreten. Es orientiert sich in erster Linie an Eigenbedürfnissen. Die Konsequenzen:

- Emotionen werden als Ausdruck legitimer Bedürfnisse gedeutet.
- Emotionskontrollen werden vermehrt zurückgewiesen. Das Erziehungsziel, „sich in eine Ordnung einzufügen", nahm von 1967 bis 1996 von 61% auf 40% Zustimmung ab (vgl. Allensbach 1997).

7.4. Kirchendistanz schwächt Emotionskontrolle

Der Verlust der institutionellen Kraft der Kirchen stärkt die öffentliche Emotionalität. Traditionell religiös orientierte Menschen bekennen sich eher zu Erziehungsidealen, die sich auf Disziplin-, Pflicht-, Konventions- und Akzeptanzwerte beziehen (vgl. Meulemann 1985). Wo aber Säkularisierung und Kirchendistanz zunehmen, entsteht ein Werteschub, der auf emotional betonte Selbsterfüllungs- und Selbstentfaltungswerte gerichtet ist. Die Schwächung der institutionellen Kraft der Kirchen führt zur Lockerung der Emotionskontrolle. Für die abnehmende Kraft der Kirchen sprechen folgende Daten: Das Vertrauen in die Kirchen ist in den letzten 10 Jahren gesunken. In den alten Bundesländern setzten im Jahre 1993 nur noch 26% der Bevölkerung Vertrauen in die Kirchen (Allensbach 1997), in den neuen Bundesländern sogar nur 12%. Zwei Jahre früher lagen die Werte noch deutlich höher (alte Bundesländer 41%, neue Bundesländer 35%). Im Jahre 1992 gab es zum ersten Mal in der Geschichte Deutschlands eine Mehrheit (64% der Protestanten, 53% der Katholiken), die für eine Abschaffung der Kirchensteuer plädierte.

7.5. Abnehmendes Pflichtbewußtsein der Jugendlichen

Pflichten werden aus der Freizeitgestaltung der Jugendlichen zunehmend ausgeblendet (Opaschowski 1996). Es sinkt die Bereitschaft, soziale Verpflichtungen einzugehen. Sie werden als Störfaktor empfunden, die den emotional betonten Lebensgenuß gefährden. Dazu einige Beispiele:

- Engagement in einer Bürgerinitiative hat Pflichtcharakter
- (Zustimmung 1991: 30%; 1995: 56%).
- Kranken- und Verwandtenbesuche gelten als lästig
- (Zustimmung 1991: 25%; 1995: 42%).
- Familiäre Pflichten gelten als lästig
- (Zustimmung 1991: 23%; 1995: 46%).
- Engagement in sozialen Organisationen hat Pflichtcharakter
- (Zustimmung 1991: 30%; 1995: 48%).

Soziales Engagement steht vermehrt unter dem Vorbehalt einer jederzeitigen Kündigung. Statt dessen erfahren Spaß- und Erlebnisgedanken eine deutliche Aufwertung.

„Das tun, was Freude macht.“

Zustimmung in % der Bevölkerung (1993) – differenziert nach Altersgruppen.

Quelle: B.A.T. Freizeit-Forschungsinstitut 1996 – eigene Darstellung

Grafik I.7.2: Erlebnisgedanken stehen im Vordergrund

An die Stelle von Pflichterfüllung tritt bei Jugendlichen verstärkt die Erlebnissuche. Die Konzentration auf die eigene Befindlichkeit hat eine Art „Reiz-Rallye“ zur Folge, aus der der einzelne nur um den Preis eines schlechten Gewissens aussteigen kann. Das Verhalten vieler Jugendlicher entspricht inzwischen einer Art Reflex auf schnelle Schnitte à la

MTV. Die permanente emotionale Reizsuche und Reizüberflutung mündet nicht nur in positive Empfindungen wie Spaß, sondern ebenso oft in eine negative Emotionalität wie Aggression. Die heutige Jugendgesellschaft hat offenbar die Balance zwischen Emotionskontrolle und Emotionshingabe aus den Augen verloren.

8. Die überragende Bedeutung von Natur, Umwelt und Gesundheit

Ausdruck der gestiegenen öffentlichen Emotionalität ist insbesondere das veränderte Verhältnis der Deutschen zur Umwelt und Natur. Diese beiden Werte bilden die eigentlichen Kernkristallisationen der neuen öffentlichen Sensibilität. Ihr emotionaler Charakter wird schon im Facettenreichtum entsprechender Begrifflichkeiten deutlich: Naturverbundenheit, die Achtung vor der Natur, Naturrespekt, partnerschaftliches Verhältnis zur Natur, Verantwortung gegenüber Fauna und Flora, Behütung der Natur, Schonung der Natur, Ehrfurcht vor dem Leben etc.

Natur als Wert legte in den letzten drei Jahrzehnten auf der Ranking-Skala der Orientierungen deutlich zu. Die Natur ist zu einem quasi sakralen Gegenstand mit entsprechend hoher emotionaler Aufladung geworden. Der Umgang mit der Natur nimmt inzwischen rituellen Charakter an: Man spricht vom andächtigen Gehen durch die Natur, es haben sich Berührungs- und Betretensverbote im Sinne der Tabuisierung der Natur verbreitet, es werden Vergehen gegen die Natur wie Sakrilege geahndet und Umweltschutzgruppen schließlich werden wie quasi-religiöse Bewegungen gedeutet (vgl. Gerhards 1988).

In enger Symbiose mit den Werten Umwelt und Natur steht die Gesundheit. Der Deutsche ist übersensibel in Gesundheitsfragen. Es gibt keine vergleichbare westliche Gesellschaft, in der der Wert der Gesundheit so dominiert wie in Deutschland. Gesundheit rangiert noch vor Familie, Ehe, Sicherheit, materiellem Wohlstand. Im Jahr 1996 wurden 10,5 Prozent der gesamten Wirtschaftsleistung in Deutschland für die Gesundheit ausgegeben (Globus 1998). Der hohe Stellenwert von Gesundheit untermauert die Werte der Umwelt, da Gesundheitsrisiken besonders mit Umweltgefährdungen assoziiert werden (Allensbach 1993). Umwelt und Gesundheit bilden ein Syndrom. Eine intakte Umwelt erhöht das Gesundheitsgefühl und Gesundheitsansprüche stärken wiederum die Umweltsensibilität.

Für die überragende Bedeutung von Natur, Umwelt und Gesundheit in Deutschland sprechen folgende Entwicklungen:

Gefragt nach den Prioritäten öffentlicher Lebensbereiche dominiert bei den Westdeutschen einer Untersuchung aus dem Jahre 1993 zufolge eindeutig die Umwelt (57%). Sie rangiert klar vor Arbeit (37%), Einkommen (36%), Freizeit (32%), Berufserfolg (22%) und politischem Einfluß (10%). Fragt man die Deutschen dagegen nach ihren Wertschätzungen im privaten Lebensbereich, steht die Gesundheit (82%) an oberster Stelle vor Familie (76%) und Liebe/Zuneigung (71%). Bei den Ostdeutschen tritt die Umwelt hinter Arbeit und Einkommen zurück, was als Indiz für die wirtschaftliche Problemsituation in den neuen Bundesländern zu werten ist. (vgl. Datenreport 1994).

Als ‚sehr wichtig' genannte Lebensbereiche

Angaben in % der Bevölkerung (1993).

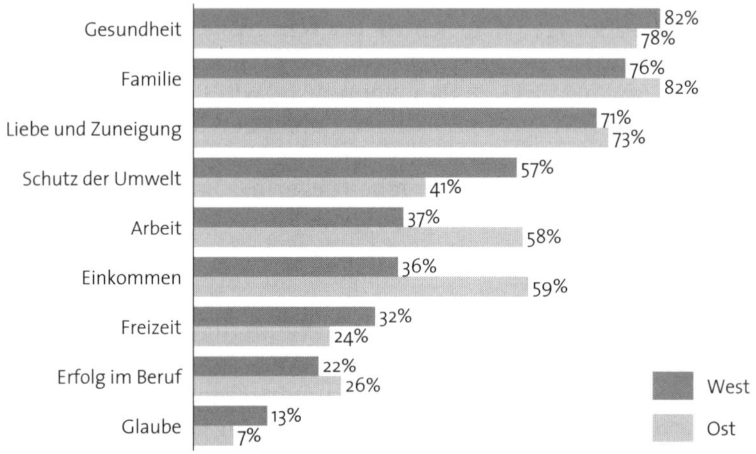

Quelle: Wohlfahrtssurvey 1993 – eigene Darstellung

Grafik I.8.1: Wichtigkeit von ausgewählten Lebenszielen in Ost- und Westdeutschland

Das wachsende Verantwortungsgefühl für den Schutz der Umwelt unterstreicht die Bedeutung dieser Werte. Für nichts fühlen sich die Deutschen so verantwortlich wie für die Natur (70% im Westen und 80% im Osten) – weder für Freunde fühlt man sich in ähnlicher Form verantwortlich noch für Hilfsbedürftige aus der Nachbarschaft, weder für das Unternehmen, in dem man arbeitet, noch für die Kirchengemeinde oder für das eigene Land (Allensbach 1993).

Werden die Deutschen gebeten, die ideale „Welt zu charakterisieren“, rangiert die Natur (94%) ganz oben, direkt neben der Freiheit (Allensbach 1997).

Die Natur steht für die Deutschen auch an vorderster Stelle (40%), wenn man sie fragt, was ihr Land besonders kennzeichnet. Damit nimmt die Natur einen Spitzenplatz ein vor Geschichte, Bauwerken, Arbeitsleben, Industrieprodukten, Volkskunst (Allensbach 1993).

Fazit: Umwelt, Natur und Gesundheit bilden heute ganz zentrale emotional unterlegte Wertgrundsätze, die letztlich in ihrer gegenseitigen Amalgamierung als nicht mehr verhandelbar erscheinen. Allfällige Verletzungen und Übertretungen rufen nicht nur feindselige Reaktionen in der Öffentlichkeit hervor, sie sind auch imstande, aggressive Eskalationsprozesse auszulösen, wie die Brent-Spar-Ereignisse exemplarisch belegen.

Die diesen Werten unterlegten Gefühle wirken selbst in die politische Ebene hinein. Der Angst der Kernkraftgegner vor der Verstrahlung der Natur verdanken wir die sichersten Atomkraftwerke der Welt. Die Befürchtung eines Waldsterbens erzwang die Entschwefelung von Heizkraftwerken und die Ausrüstung von Autos mit Katalysatoren.

---

9. Der neue Stellenwert von Aggression im öffentlichen Leben

Im Vergleich zu den 80er Jahren sind Ängste, Aggressionen und Feindseligkeiten in der Öffentlichkeit deutlich gestiegen. Diese Entwicklung ist Ausdruck eines sensibleren emotionalen Klimas in Deutschland. Zukunftsängste haben deutlich zugenommen. Viele fühlen sich verunsichert. Der normale Umgangston ist häufig gereizt. Auf Wertverletzungen von Politik und Wirtschaft wird aggressiver reagiert. Der oftmals hämische und feindselige Grundtenor öffentlicher Auseinandersetzungen zwischen Parteien, Generationen, Interessengruppen etc. spiegelt die Kehrseite einer allgemein veränderten emotionalen Stimmungslage in Deutschland wider. Selbst diejenigen Ereignisse, die gemeinhin mit positiven Emotionen verbunden sind – wie friedliche Demonstrationen, Sportveranstaltungen, Rockkonzerte – vermitteln häufig den Eindruck, als seien sie potentiell explosiv und kurz vor dem Umschlagen in ihr Gegenteil – nämlich in Aggression (Vester 1991).

Generell fördert die gestiegene emotionale Temperatur die Mobilisierung der Bevölkerung. Öffentlicher Protest, soziale Bewegungen, Demonstrationen, Petitionen, Bürgerinitiativen, Boykott, wilde Streiks, Hausbesetzungen, gärender Rechtsradikalismus etc. sind Kennzeichen eines aktiveren Widerstands und finden vermehrt Eingang in das selbstverständliche Verhaltensrepertoire der Menschen (Herz 1988). Öffentlichen Wert- und Interessenverletzungen von Politik und Unternehmen wird heute tendenziell eher als früher mit bestimmten direkten Formen des aktiven und passiven Widerstands begegnet.

Eine ganze Reihe von empirischen Befunden belegt das latent leicht aggressivere Klima in Deutschland:

- Europäische (Schild 1998) und deutsche Wertumfragen belegen die deutliche Zunahme direkter und aggressiver Beteiligungsformen wie Demonstrationen und Boykotts:

Beteiligung an Protestformen

Angaben in % der Bevölkerung (1984-1992).

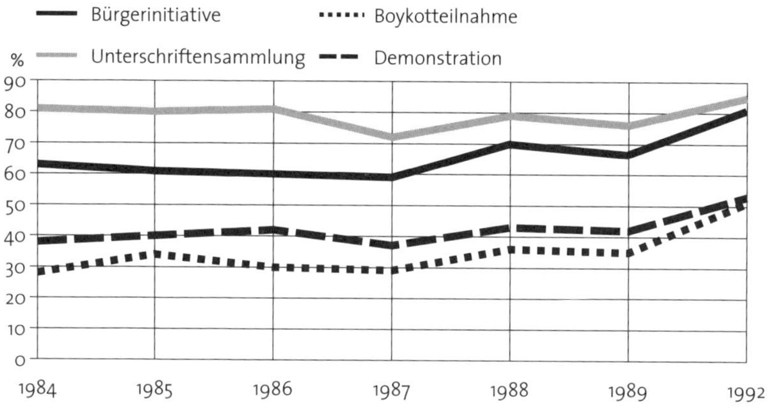

Quellen: 1984-1989: IPOS 1989 (Beteiligung „sicher" und „vielleicht")

1992: Allbus 1992 – Beteiligung „bereits erfolgt" bzw. Beteiligung in „wichtigen" oder „außergewöhnlichen Angelegenheiten" – eigene Darstellung

Grafik I.9.1: Entwicklung des Protestverhaltens in Westdeutschland

- Im demokratischen Verständnis der Deutschen ist der Stellenwert von „Widerstand und Gewalt" tendenziell von 1982 bis 1997 gestiegen (vgl. Allensbach 1997). Die Zustimmung zur Aussage, „sich gegebenenfalls auch mit Gewalt gegen demokratisch getroffene Entscheidungen zu wehren", hat leicht zugenommen.
- Die Frage zur Gewalt als politischem Mittel stößt tendenziell weniger auf Widerspruch als früher. Ca. 25% der Bevölkerung in Deutschland halten Gewalt gegenüber Sachen für durchaus vertretbar (vgl. Allensbach 1997).
- In ähnlicher Richtung weisen die Befunde von Inglehart 1998: Die generelle Boykottbereitschaft in Deutschland wächst stetig. Heute ist immerhin die Hälfte der Westdeutschen bereit, sich an einer Boykottaktion zu beteiligen oder hat sich bereits beteiligt.

Es haben sich einem Boykott angeschlossen oder würden sich anschließen.

Angaben in % der Bevölkerung (1974-1990).

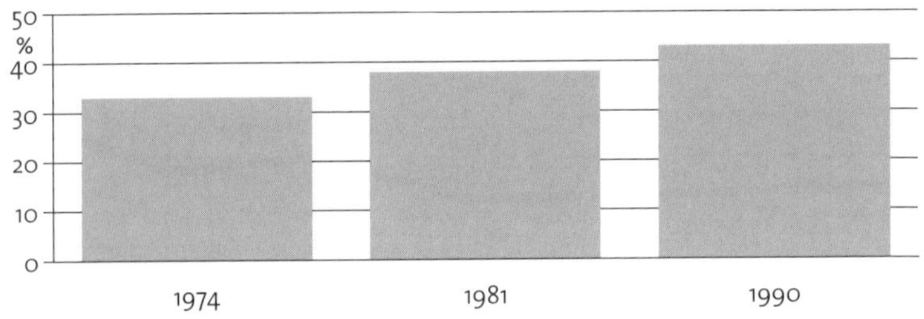

Quelle: Inglehart 1998 – eigene Darstellung

Grafik I.9.2: Boykottbereitschaft in Westdeutschland

- Noch deutlicher zeigt sich das latent aggressive Potential in Deutschland an der gestiegenen Zustimmung zu Besetzungsaktionen. Immerhin ist es für knapp 20% der Westdeutschen und knapp 30% der Ostdeutschen denkbar, sich in einer besonderen Situation an der Besetzung von Fabriken oder anderen Gebäuden zu beteiligen (Allbus 1992).
- Das gärende Potential der Aggressions- und Gewaltbereitschaft zeigt sich auch verstärkt bei Kindern und Jugendlichen. Ein Indiz ist der verbreitete Waffenbesitz, der eine unterschwellige Aggressivität signalisiert. So geben über 20 Prozent der Schüler aus der 12. Jahrgangsstufe über alle Schularten hinweg an, in Waffenbesitz zu sein.
- Ein weiteres Indiz für die wachsende Bedeutung öffentlicher Aggressivität findet sich beispielsweise im Umfeld von Fernsehserien oder Unternehmenswerbung. Sogenannte „hate-sites" auf den betreffenden Internetseiten erfreuen sich großer Beliebtheit. Auf ihr werden Ablehnung und Abneigung bis hin zu Todeswünschen einzelner Serienfiguren artikuliert.
- Schließlich wird die gestiegene öffentliche Emotionalität an der deut-

Waffenbesitz im Durchschnitt aller Schulstufen

Angaben in % aller Schüler je Klassenstufe.

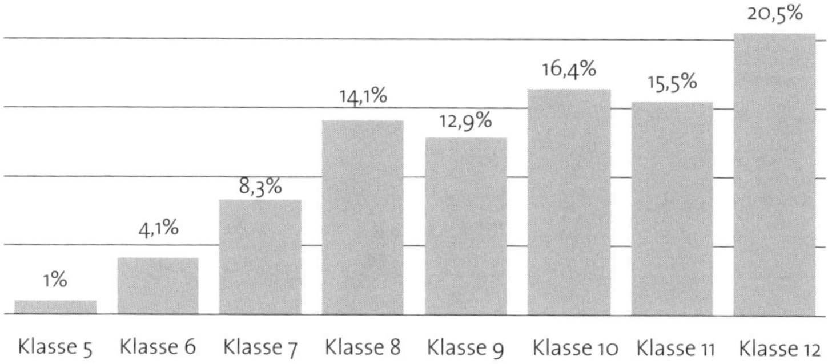

Quelle: Fuchs 1995 – eigene Darstellung

Grafik I.9.3: Schüler und Waffenbesitz

lichen Zunahme der Zukunftsangst in Deutschland erkennbar. Von 1976 bis 1993 haben sich Zukunftssorgen deutlich verbreitet. Mehr als zwei Drittel der Bevölkerung (71%) haben beim Gedanken an die Zukunft Angst. Die latente Stimmungslage ist durch mangelndes Vertrauen in die Zukunft gekennzeichnet und dadurch besonders anfällig für emotional unterlegte Mobilisierungsprozesse (Allensbach 1997). In diese Stimmungslage paßt, daß eine deutliche Mehrheit der Deutschen meint, in einer schwierigen und unsicheren Zeit zu leben (83% der Deutschen). Ebenso in dieses Stimmungsbild fügt sich die zunehmende Beunruhigung über die Verhältnisse in Deutschland. Inzwischen deuten 76% der Deutschen die aktuellen Verhältnisse als beunruhigend – vor zehn Jahren waren es nur 40 % (Allensbach 1997). Insbesondere junge Menschen in den neuen Bundesländern treffen auf eine Erfahrungswelt, die ihnen das Gefühl vermittelt, das Leben sei schwer. Gesellschaftspolitisches Unbehagen, Arbeitslosigkeit und ein wachsendes Ohnmachtsgefühl gegenüber dem Staat haben zu einem „emotionalen Aktivierungsschub" beigetragen, der in der Nähe

Persönliche Gedanken über die Zukunft

Angaben in % der Bevölkerung

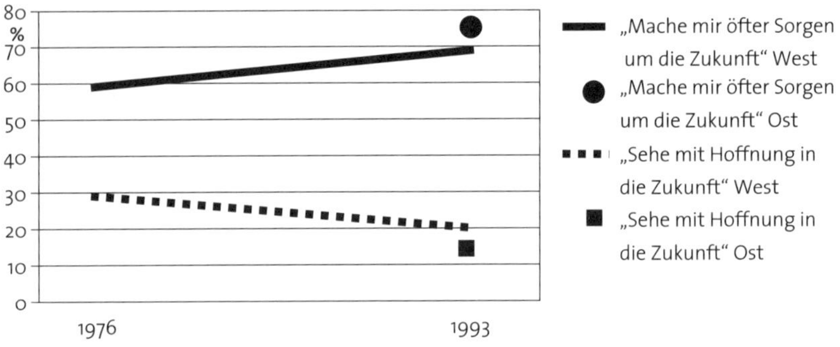

Quelle: Allensbach 1997 – eigene Darstellung

Grafik I.9.4: Angst vor der Zukunft

von politischer Aggressivität angesiedelt ist (vgl. Schmidtchen 1997). Ihre Folgen liegen in einem weiter wachsenden gärenden Protestpotential.

- In fast der Hälfte aller deutschen Fernsehsendungen wird Aggression oder Bedrohung in irgendeiner Form thematisiert (vgl. Gröbel 1993). Die überwiegende Zahl von Aggressionsdarstellungen bezieht sich auf fiktionale Beiträge (Spielfilme, Serien). Durch die Alltäglichkeit von Gewaltdarstellungen im Fernsehen nimmt die Sensibilität gegenüber aggressiven Ausdrucksformen ab. Aggressive Darstellungen gewinnen zusehends den Charakter des „Normalen" und „Legitimen" sowie den Anschein des „Harmlosen" und „Nützlichen". Die Dauerauseinan- dersetzung mit den von Medien präsentierten Aggressionen erzeugt ein verändertes, stärker emotional betontes Gesellschaftsbild. Gleichzeitig sinkt die Schwelle gegenüber aggressiven Ausdrucksformen, und es verbreitet sich ein allgemeines Klima von Angst, unabhängig von der tatsächlichen Wahrscheinlichkeit einer Bedrohung oder Gefahr.

10. Emotionalität und Medien

Besonders eindrucksvoll wird der gestiegene Stellenwert der Emotionalität in den Medien sowie an der Wirkung der Medien deutlich:

10.1. Die wachsende Bedeutung des Affekt-Fernsehens

Fernsehformate, die ihren Schwerpunkt auf emotionale Elemente legen, erfreuen sich in Deutschland wachsender Beliebtheit. Namentlich Talk-Runden und Formate des sogenannten „Reality-TV", die im Gegensatz zu fiktiven Serien auf reale persönliche Schicksale, auf Betroffenheit als eigenständiges mediales Ereignis oder auf das Durchbrechen herkömmlicher Tabuschranken gerichtet sind, nehmen nicht nur quantitativ erheblich zu, sondern erfahren seit etwa 10 Jahren steigende Resonanz beim Zuschauer. Die Inszenierung realer persönlicher Alltagsempfindungen entspricht dem wachsenden Bedürfnis der Deutschen nach öffentlicher Darbietung authentischer Emotionalität und Betroffenheit.

Die zunehmende Intimisierung der Medien läßt sich exemplarisch besonders deutlich am Wachstumstrend des Genres „Affekt-Fernsehen" veranschaulichen. Während in den Jahren 1987 bis 1992 lediglich 14% der Formate lanciert wurden, hat es von 1992 bis 1995 eine massive Steigerung des Sendevolumens an Affekt-Formaten gegeben. 86% aller Sendungen wurden in diesem Zeitraum initiiert.

Ausdruck des enormen Anstiegs an Affekt-Fernsehformaten bildet die deutliche Expansion der Sendezeiten, eine Belegung beinahe aller Sendeplätze vom Vormittag bis zum späten Abend sowie eine starke Ausbreitung der Konzeptvielfalt (von Affekt-Talksendungen bis zu Spielshows).

Die Bedeutung des Affekt-Fernsehens als Kennzeichen einer veränderten Haltung der Deutschen zu öffentlichen Ausdrucksformen von Emotionalität liegt insbesondere darin, daß

a) urpersönliche Gefühle wie Ängste, Sorgen und Leidenschaften aus dem privaten Bereich in die Öffentlichkeit verlagert werden sowie

Von 1987–1995 lancierte Affekt-Fernsehsendungen

Kumulierte Prozentanteile über den Zeitablauf der Sendestarts.

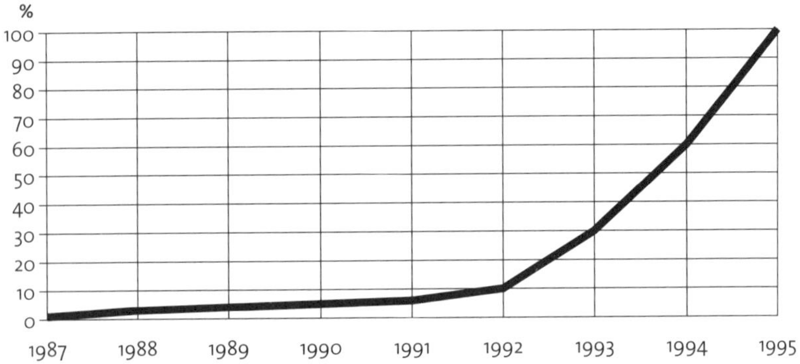

Quelle: Bente / Fromm 1997 – eigene Darstellung

Grafik I.10.1: Entwicklung des Affekt-Fernsehangebots

b) sachliche Darstellungen hinter den persönlichen erlebten Empfindungen zurücktreten. Das Gefühl zählt mehr als das Ereignis. Die Medien provozieren nicht nur, sie legitimieren Emotionalität als selbständiges Ereignis. Früher nicht gebilligte Äußerungen intimer Gefühle werden heute offen eingefordert. Hinzu kommt, daß die in den Affekt-Fernsehformaten vermittelten Eindrücke vielfach als Leitbilder sowie Handlungsanleitungen für den emotionalen Umgang mit Alltagserfahrungen angesehen werden. Der Zuschauer „erlernt" ein neues breiteres Spektrum emotionaler Ausdrucksformen. Er erweitert sein emotionales Handlungsrepertoire und wendet es an.

10.2. Medien erzeugen virtuelle Gefühlsgemeinschaften

In einer wachsenden Zahl von Fernsehsendungen geht es um die mediale Inszenierung von Ereignissen, die „virtuelle Gefühlsgemeinschaften" auf Zeit zusammenführen, z.B. anläßlich von Beisetzungsfeierlichkeiten prominenter Persönlichkeiten, internationalen Sport-, Politik-

oder Kulturereignissen, aber auch im Rahmen bekannter Serien. Solche Medienereignisse bilden ein kollektives Integrationspotential, da sich Menschen unterschiedlicher Herkunft, unterschiedlicher Bildung, unterschiedlicher Schicht zu einem gemeinsamen Erlebnis vor dem Fernseher versammeln. Gemeinsam werden Siege bejubelt, Niederlagen verarbeitet, gemeinsam wird gelitten und gefeiert sowie Zusammengehörigkeitsempfindungen erneuert. Medienereignisse tragen verstärkt zu einem milieuübergreifenden Gemeinschafts- und Identitätsgefühl bei.

Aber nicht nur anläßlich der „high holidays of mass communication" wird die Anonymität des öffentlichen Publikums überspielt und Gemeinschaft simuliert; auch Boulevardzeitungen, Talkshows und Magazine behandeln ihre Leser, bzw. Zuschauer immer mehr als eine Art große Nachbarschaftsfamilie (vgl. Giesen 1997). Man klatscht, empört sich, jubelt; in Talkshows wird die Stammtischdiskussion durch einen "authentischen" Diskussionsprozeß simuliert, an dem der Zuschauer nicht teilnehmen kann, obwohl er sich als Fortsetzung des Publikums fühlen darf. Die Fernsehbefragung von Straßenpassanten zu beliebigen Themen in Nachrichtenmagazinen simuliert die Authentizität von emotionaler Befindlichkeit oder Betroffenheit.

Die Bildung solcher virtuellen Gefühlsgemeinschaften wird in der Regel von den Medien verstärkt, indem sie nicht nur von den Ereignissen berichten, sondern auch von Emotionen, die mit den Ereignissen verknüpft sind. Entsprechend geht es in vielen Sendungen vermehrt darum, nicht nur die Sachumstände zu dokumentieren, sondern vor allem die von diesen Ereignissen ausgelösten Reaktionen und Empfindungen der Beteiligten zu präsentieren.

Die Fernsehanstalten mit ihren Berichten von Großereignissen folgen mehr und mehr dem Beispiel der Massenblätter und füllen die Lücken zwischen den „harten Nachrichten" mit „Gefühlen". Anstelle von objektiver Distanz wird von den Reportern verlangt, daß sie zu einer Art „emotionalen Berichterstattung" übergehen (vgl. Bebber 1998). So gab die BBC inzwischen zu, daß die Art ihrer Berichterstattung über die Beisetzungsfeierlichkeiten von Diana die Volkstrauer selbst sowie Gesten der Trauer stark beeinflußt hat.

Eine vergleichbare Emotionalisierung journalistischer Arbeit zeigt sich auch in der neuen Kriegsberichterstattung. Die „Direktübertragung" des Golfkrieges durch CNN hat zu emotional-moralischen Reaktionen geführt, die ohne die emotional aufgeladenen Fernsehbilder aus dem Nahen Osten nicht erfolgt wären; wie beispielsweise die bundesweite Absage aller Faschingsveranstaltungen im Jahr 1991 – eine Reaktion, die so oder in ähnlicher Form im Falle der „herkömmlichen" Berichterstattung des Jugoslawienkrieges zu keinem Zeitpunkt stattfand.

Indem die Medien vermehrt auf der Klaviatur der Emotionen spielen, erhöhen sie in einer Spirale die kollektive Emotionstemperatur eines virtuellen Gemeinschaftserlebnisses. Trauer, Wut, Freude, Stolz und Wir-Gefühl werden nicht mehr nur authentisch erlebt, sondern auch medial geprägt.

10.3. Medien prägen neue Ausdrucksformen von Gefühlen

Medien beeinflussen verstärkt herkömmliche Regeln sowie Ausdrucksformen von Gefühlen. Sie wirken, was Emotionen angeht, stilbildend in der Öffentlichkeit. Da die Spielräume in der Modellierung von Emotionen in den vergangenen zehn Jahren deutlich gestiegen sind, ist in der Öffentlichkeit die Erwartung gewachsen, Gefühle offener und freier zu äußern. Durch die verstärkte Medienpräsenz im Alltag ist „Expressivität", d.h. der freie Gefühlsausdruck, als legitimes Darstellungsmuster von Menschen erheblich gefördert worden. Vermehrt überziehen die Massenmedien die Öffentlichkeit mit neuen Bildern und emotionalen Ausdrucksformen, die weder durch persönliche Erfahrungen noch durch Tradition gestützt werden. Allein durch ihre Fülle und Wiederholung täuschen die Bilder eine emotionale Ordnung vor, die als richtungsweisend suggeriert wird: Wirklichkeit aus zweiter Hand, dargeboten von allwissenden, allfühlenden Identifikationsfiguren, die je nach Bedarf Empörung, Betroffenheit, Aggression oder Euphorie aus dem Ärmel zaubern, die niemand kontrollieren kann. Öffentliches Leben wird weitgehend reduziert auf mediale Repräsentanten, die stellvertretend für alle Zuschauer ihre emotionalen Befindlichkeiten austragen und ständig neue Meßlatten für emotionale Ausdrucksformen kreieren. Bei zunehmendem Verlust an Primärerfahrung prägt die geglättete Lebensorientierung an Fernsehvorbildern das emotionale Ausdrucksverhalten der Zuschauer bis in die Gesten hinein.

Teil II

Die Bestandsaufnahme

Im zweiten Teil der Studie zum „Emotionalen Profil der Deutschen“ werden die eingangs entwickelten Thesen zur Emotionalität in Deutschland einer systematischen Bestandsaufnahme unterzogen. Es geht darum, die sich abzeichnenden Entwicklungstrends anhand aktueller empirischer Untersuchungen zu belegen und gegebenenfalls fortzuschreiben.

Empirische Bestandsaufnahme des Emotionalen Profils der Deutschen – im Überblick –

1. Bedeutung der öffentlichen Emotionalität
2. Emotionale Ansprüche an Unternehmen
3. Personalisierung des Managements
4. Gesellschaftliche Verantwortung von Unternehmen
5. Vertrauen gegenüber Unternehmen
6. Protestpotential gegenüber Unternehmen
7. Öffentliche Aggressivität
8. Bedeutung der Medien für die öffentliche Emotionalität

In Anknüpfung an die Thesen zur öffentlichen Emotionskultur in Deutschland spielen hauptsächlich folgende Fragen eine Rolle:

1. Wie umfassend ist die neue Bedeutung von Emotionalität? Und: Gewinnt der öffentliche Ausdruck von Gefühlen gegenüber einem an Vernunft und Disziplin orientierten Lebensstil an Wertschätzung?
2. Inwieweit wird das öffentliche Bedürfnis nach emotionaler Dekoration des gesellschaftlichen Lebens auch an die Unternehmen adressiert?
3. Greift der Wunsch nach einer neuen kulturellen Codierung öffentlicher Emotionalität in Form von Personalisierungs- und Prominenzprozessen auch auf die Managementwelt über?
4. Inwieweit konkretisiert sich die Dominanz emotionaler Werte in Deutschland in der Einforderung gesellschaftlicher Verantwortung von Unternehmen?
5. Erhärten sich die wachsenden Vertrauensdefizite in Deutschland gegenüber Unternehmen? Und: Wie groß ist das Vertrauen in die gesellschaftliche Verantwortung der Unternehmen tatsächlich?
6. Welche Bedeutung hat die Enttabuisierung von Emotionalität für die Unternehmen? Das heißt: Wie groß ist das Protest- und Boykottpotential gegenüber Unternehmen in Deutschland?
7. Welchen Stellenwert erreicht Aggressivität im öffentlichen Leben in Deutschland – vor allem auch gegenüber Unternehmen?
8. Welche Rolle kommt den Medien im Zusammenhang mit öffentlichen Emotionalitätsprozessen zu?

Die empirische Bestandsaufnahme beinhaltet zwei Untersuchungen, die der Lehrstuhl für Soziologie an der Universität Hohenheim durchgeführt hat:

- die Hohenheimer Emotionalitätsstudie, die auf einer qualitativen Befragung von Juli bis Oktober 1998 in den alten und neuen Bundesländern basiert; zitiert als: Hohenheimer Emotionalitätsstudie I. Daten: eigene Erhebung 1998
- die repräsentative SOWI-TEL-Befragung der deutschen Bevölkerung durch das Meinungsforschungsinstitut EMNID in Bielefeld im November 1998 im Auftrag des Hohenheimer Lehrstuhls für Soziologie; zitiert als: Hohenheimer Emotionalitätsstudie II. Daten: EMNID 1998.

1. Bedeutung der Emotionalität in Deutschland

Brigitte Jahn-Zimmermann

In den letzten Jahren hat eine Reihe von Studien die Konturen eines neuen emotionalen Profils der Deutschen markiert: Die selbst auferlegte Kontrolle des Emotionsausdrucks lockert sich; Gefühle werden in der Öffentlichkeit immer selbstverständlicher gezeigt; das Ausdrucksspektrum emotionaler Befindlichkeiten ist breiter geworden und Emotionen prägen heute deutlich stärker Lebensgefühl und Lebensstil als früher. Das öffentliche Klima in Deutschland ist generell informeller und gefühlsorientierter geworden.

Der aktuelle Stand des Umbruchs in der traditionellen Emotionskultur wird anhand folgender Kernfragen untersucht:

- Welche Bedeutung haben Gefühle in der Öffentlichkeit heute?
- Welche Unterschiede gibt es zwischen den Protagonisten des ungezwungenen Gefühlsausdrucks (den „Emotionalen“) und den „Formalen“, die ihre Gefühle in der Öffentlichkeit verbergen?
- Nimmt das ungezwungene Auftreten in der Öffentlichkeit zu?
- Welche Bedeutung besitzt heute das Gefühl gegenüber der Vernunft?
- Welche emotionalen Umgangsformen und Wertideale kennzeichnen die Deutschen?
- Gibt es Unterschiede zwischen Männern und Frauen im gefühlsorientierten Lebensstil?
- Wie verändert der neue Stellenwert der Emotionalität das Verständnis von Dienstleistung?

1.1. Gefühle in der Öffentlichkeit

Die moderne Entwicklung in Deutschland deutet auf veränderte Ausdrucksregeln von Gefühlen. Es ist deshalb interessant zu erfahren, in welchem Ausmaß sich Selbstdisziplin und Regeln der Selbstkontrolle bereits gelockert haben. Wie natürlich ist es heute für die Deutschen geworden, Gefühle in der Öffentlichkeit zu zeigen?

Frage: „Es gibt ja Menschen, bei denen das Gefühl gegenüber vernunftmäßigen Überlegungen überwiegt. Ist es auch für Sie ganz natürlich, in der Öffentlichkeit Gefühle zu zeigen?"

Antworten anhand einer Skala von 1 (ganz natürlich) bis 5 (völlig unnatürlich). Antwortmöglichkeiten 1 und 2 sind zusammengefaßt als „Gefühle zu zeigen, ist für mich natürlich", Antwortmöglichkeit 3 entspricht „teils/teils", sowie Antwortmöglichkeiten 4 und 5 sind zusammengefaßt als „Gefühle zu zeigen, ist für mich unnatürlich".

Angaben in % der Bevölkerung.

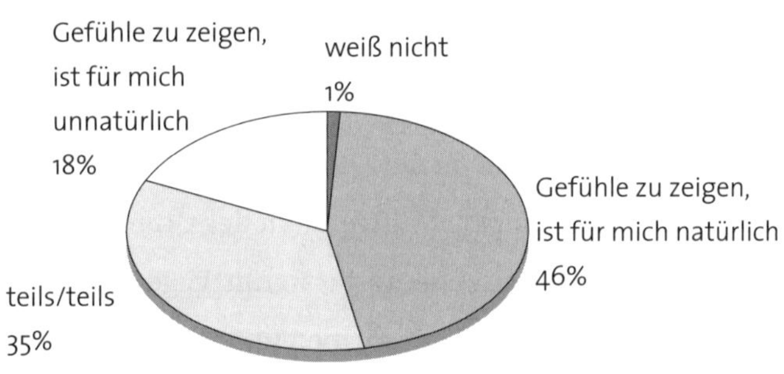

Quelle: Hohenheimer Emotionalitätsstudie I

Daten: eigene Erhebung 1998

Grafik II.1.1: Gefühle in der Öffentlichkeit

Offenbar ist für fast knapp die Hälfte der Deutschen der Stellenwert von Gefühlen gewachsen. Stärker als vermutet, hat sich ein eher unbefangenes Verhältnis zum öffentlichen Emotionsausdruck durchgesetzt. Eine knappe Majorität bekennt sich zu einem stärkeren Einfluß von Gefühlen im Wechselspiel mit vernunftgemäßen Überlegungen.

Frage: „Es gibt ja Menschen, bei denen das Gefühl gegenüber vernunftmäßigen Überlegungen überwiegt. Ist es auch für Sie ganz natürlich, in der Öffentlichkeit Gefühle zu zeigen?“

Antworten anhand einer Skala von 1 (ganz natürlich) bis 5 (völlig unnatürlich). Antwortmöglichkeiten 1 und 2 sind zusammengefaßt als „Gefühle zu zeigen, ist für mich natürlich“, Antwortmöglichkeit 3 entspricht „teils/teils“, sowie Antwortmöglichkeiten 4 und 5 sind zusammengefaßt als „Gefühle zu zeigen, ist für mich unnatürlich“.

Angaben in % der Bevölkerung.

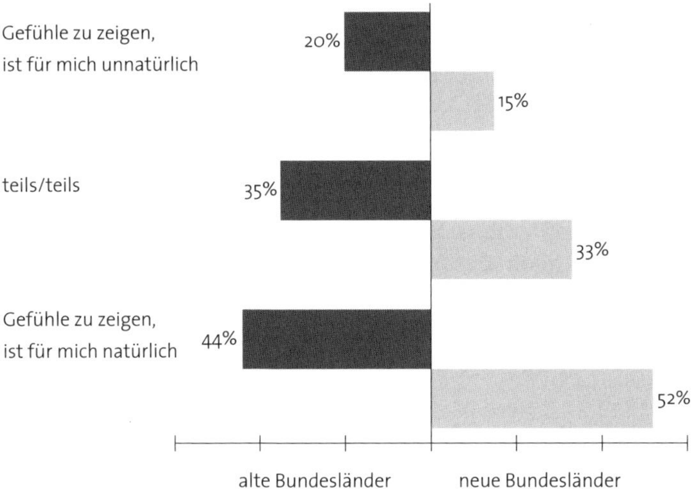

Quelle: Hohenheimer Emotionalitätsstudie II

Daten: EMNID 1998

Grafik II.1.2: Gefühle in der Öffentlichkeit: Vergleich alte und neue Bundesländer

Jene Deutschen, die eher für eine emotionale Lebenskultur plädieren und ihre Emotionen relativ ungezwungen zeigen, bilden im folgenden die Kategorie der „Emotionalen“. Ein weiteres Drittel der Deutschen handelt offenbar situativ: Je nach Gelegenheit neigt es entweder zu ungezwungenem Gefühlsausdruck oder zur Gefühlskontrolle. Dagegen setzt nur ein relativ kleiner Bevölkerungsteil weiter auf die Gefühlsdisziplinierung im öffentlichen Alltag. Dies sind die Vertreter einer eher traditionellen formalen Lebenskultur, die im folgenden die Kategorie der „Formalen“ bilden sollen. Sie sind durch eine stärkere Kontrolle des Gefühlsausdrucks gekennzeichnet.

Stellt man den öffentlichen Gefühlsausdruck in West- und Ostdeutschland einander gegenüber, zeigen sich deutliche Differenzen zwischen alten und neuen Ländern (Grafik II.1.2).

Für die Ostdeutschen ist der Ausdruck von Gefühlen in der Öffentlichkeit offenbar noch alltäglicher als in den alten Ländern. Es scheint, als habe der DDR-spezifische Kodex der fraglosen Selbstdisziplinierung in allen öffentlichen Lebensäußerungen seine Kraft eingebüßt.

Fazit: *Der Ausdruck von Gefühlen in der Öffentlichkeit hat in Deutschland ein hohes Maß an Selbstverständlichkeit erreicht.*

Gefühls- und Selbstkontrolle sind nicht mehr durchgängige Kennzeichen sozialer Beziehungen. Das öffentliche Klima in Deutschland ist generell emotionaler geworden.

1.2. Gefühle in der Öffentlichkeit: Unterschiede zwischen „Emotionalen“ und „Formalen“

Interessant sind die Befunde, worin sich die neue eher emotional betonte Lebensauffassung vom traditionell, gefühlskontrollierten Lebensstil unterscheidet. Welche Besonderheiten sind kennzeichnend für die Verfechter der neuen Lebenskultur (also für die Emotionalen) und welche nicht? Gibt es möglicherweise auch Kontinuitäten herkömmlicher Förmlichkeitsvorstellungen? Also: Was ist neu, und was steht in der Tradition von Selbstdisziplinvorstellungen?

Zu diesem Zweck wird die Gruppe der „Emotionalen“ (dies sind 46% der Bevölkerung) den Verfechtern einer eher disziplinierten Gefühlshaltung, den sogenannten „Formalen“ (dies sind 18% der Bevölkerung), gegenübergestellt.

Frage: „Ich nenne Ihnen nun Aussagen, die Eigenschaften und Verhaltensweisen von Personen beschreiben. Sagen Sie mir bitte, inwieweit Sie mit diesen Verhaltensweisen übereinstimmen:“

Antworten anhand einer Skala von 1 (stimme voll und ganz überein) bis 5 (stimme überhaupt nicht überein). Angabe des Durchschnittswertes jeder Eigenschaft und Verhaltensweise.

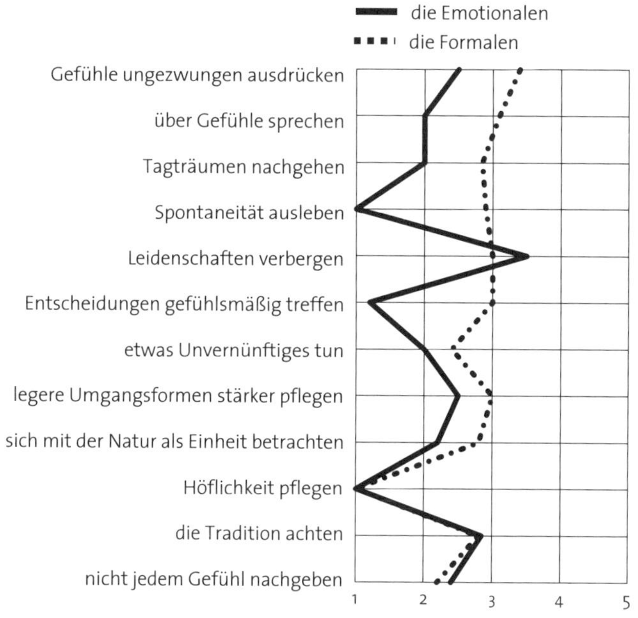

Quelle: Hohenheimer Emotionalitätsstudie I

Daten: eigene Erhebung 1998

Grafik II.1.3: Vergleich der „Emotionalen“ und „Formalen“

Die Daten zeigen, daß die deutlichsten Unterschiede zwischen den Deutschen mit einem freieren Lebensausdruck und dem Bevölkerungsteil mit einer eher disziplinierten Gefühlsethik interessanterweise im Selbstverständnis eines ungezwungenen Lebensausdrucks liegen, weniger dagegen darin, jede Stimmung oder jede individuelle Befindlichkeit unverblümt nach außen zu kehren. Ungezwungener Gefühlsausdruck ja, aber nicht auf Kosten anderer. Emotionen ja, aber nicht um jeden Preis. Höflichkeit ist für die Verfechter einer freien emotionalen Lebensauffassung kein geringerer Wert als für die eher traditionell denkende Bevölkerungsgruppe in Deutschland.

Und doch: Die Verfechter einer eher emotionalen Lebenskultur drücken ihre Gefühle deutlich ungezwungener aus, sprechen eher über ihre Gefühle, hängen leichter Tagträumen nach und sind deutlich spontaner als die Gruppe der Formalen. Die neue Codierung der Gefühle in Deutschland läßt sich also auch empirisch nachweisen. Für die Mehrheit der Deutschen avancieren Gefühle zu maßgeblichen Bausteinen ihres Lebensstils.

Neben der wachsenden Bedeutung emotionaler Ausdrucksformen gibt es eine hohe Kontinuität herkömmlicher Disziplinvorstellungen. Der freie Gefühlsausdruck wird nach wie vor von der fortbestehenden Wertschätzung der Traditionskultur in Schach gehalten. Die Deutschen zeigen nicht unmittelbar jede individuelle Befindlichkeit: Sie geben auch nicht jedem Gefühl nach und schätzen Höflichkeit. Damit besitzen auch für sie Verhaltensregeln weiter Bedeutung, die den spontanen Ausdruck der Emotionen kanalisieren.

Die neuen Ausdrucksformen der Emotionalität haben damit nicht zur Folge, daß jedes Gefühl unreflektiert zugelassen wird und eine Abkehr von sämtlichen Regeln der Gefühlskontrolle erfolgt. Kennzeichnend für das Profil der Deutschen ist also beides: Kontinuität und Diskontinuität. Gefühle werden vermehrt akzeptiert, aber sie haben sich zugleich einem weiter gefaßten Rahmen zu fügen.

In den übrigen untersuchten Merkmalen zeigen sich nur graduelle Unterschiede zwischen den Repräsentanten einer eher emotionalen und formalen Lebensauffassung. Interessant ist, daß auch dort, wo Selbstkontrollvorstellungen dominieren, Hinweise auf einen leicht emotionaler gefärbten Lebensstil zu finden sind. Selbst der eher traditionell orientierte Bevölkerungsteil nimmt sich ab und zu Zeit für Tagträume, kann sich spontane Lebensäußerungen vorstellen und ist auch bereit, gegebenenfalls einmal etwas Unvernünftiges zu tun. Von der neuen Emotionskultur sind offenbar fast alle Deutschen erfaßt, die einen deutlich mehr, die anderen etwas weniger.

Fazit: *Fast die Hälfte der Deutschen hat inzwischen ein neues Gleichgewicht zwischen Gefühlskontrolle und Gefühlsausdruck erreicht, das sich merklich in Richtung eines freieren und offeneren Gefühlshabitus verschoben hat.*

Die veränderte Codierung der Emotionen in Deutschland drückt sich in einem generell emotionaleren Lebensstil aus, der aber nach wie vor auch von Regeln der Gefühlskontrolle geprägt wird. Insgesamt ist die Ambivalenz zwischen der Suche nach einem stärker emotional betonten Lebensstil und den Regeln der Selbstkontrolle gewachsen.

1.3. Die Entwicklung des ungezwungenen Auftretens in der Öffentlichkeit

Die Wertschätzung einer offenen Gefühlskultur ist die eine Seite, etwas Anderes ist es, wie man sich praktisch verhält. Interessant ist daher die Frage, ob die Deutschen sich heute freier und emotionaler verhalten als früher. Konkret: Bringt der einzelne seine Gefühle heute ungezwungener zum Ausdruck, als er es früher getan hat? Zeichnet sich eine Entwicklung ab, in der es bloß bei der Wertschätzung einer offenen Emotionskultur bleibt, oder stößt der freiere Gefühlsausdruck auch auf praktische Resonanz?

Frage: „Sagen Sie mir bitte, inwieweit Sie mit dieser Verhaltensweise übereinstimmen: Ich bringe meine Gefühle heute ungezwungener zum Ausdruck als früher."

Antworten anhand einer Skala von 1 (stimme voll und ganz überein) bis 5 (stimme überhaupt nicht überein). Antwortmöglichkeiten 1 und 2 sind zusammengefaßt als „stimme überein", Antwortmöglichkeit 3 entspricht „teils/teils", sowie Antwortmöglichkeiten 4 und 5 sind zusammengefaßt als „stimme nicht überein". Angaben in % der Bevölkerung.

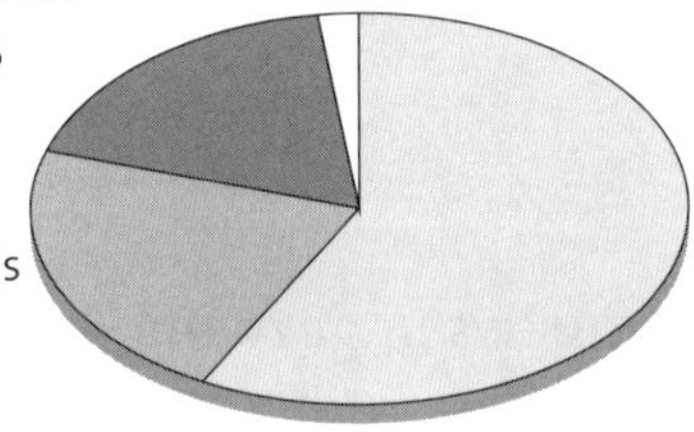

Quelle: Hohenheimer Emotionalitätsstudie II

Daten: EMNID 1998

Grafik II.1.4: Entwicklung des ungezwungenen Gefühlsausdrucks

Es fällt auf, daß die Mehrheit der Bevölkerung ihre Gefühle heute deutlich ungezwungener zum Ausdruck bringt, als dies früher der Fall war. Nur eine Minderheit beharrt auf der Kontinuität von Selbstdisziplinvorstellungen. Ein freierer und gefühlsbetonter Lebensstil wird nicht nur angestrebt, er wird zunehmend auch praktiziert. Das Ideal der Selbstkontrolle individueller Befindlichkeiten verliert seine uneingeschränkte Bindekraft.

Fazit: *Seine Empfindungen in der Öffentlichkeit ungezwungen auszudrücken, ist heute sehr viel selbstverständlicher als früher.* Das öffentliche Klima verändert sich. Der Umgang zwischen den Menschen ist auf eine neue sensiblere Grundlage gestellt. Konsequenz: Die öffentliche Kommunikation ist insgesamt risikoreicher geworden.

1.4. Verhältnis von Gefühl und Vernunft

Welche Rolle spielt heute das Gefühl gegenüber der Vernunft? Im Spannungsverhältnis zwischen Emotionalität und Rationalität stand die vernunftgemäße Lebensweise bisher im Vordergrund. Wenn eine stärker emotional orientierte Lebenshaltung die bisherige Wertschätzung vernunftbetonten Alltagshandelns zu relativieren vermag, ist dies ein weiterer zentraler Baustein des neuen gefühlsorientierten Lebensstils der Deutschen. Deshalb soll der Frage nachgegangen werden, ob für die Deutschen die gefühlsmäßigen Dinge wichtiger sind als die vernunftmäßigen, und ob sich das Spannungsverhältnis zwischen Gefühl und Vernunft verschoben hat.

Frage: „Sagen Sie mir bitte, inwieweit Sie mit dieser Verhaltensweise übereinstimmen: Dinge, die die Gefühle ansprechen, sind mir wichtiger als vernunftmäßige Dinge."

Antworten anhand einer Skala von 1 (stimme voll und ganz überein) bis 5 (stimme überhaupt nicht überein). Antwortmöglichkeiten 1 und 2 sind zusammengefaßt als „stimme überein", Antwortmöglichkeit 3 entspricht „teils/teils", sowie Antwortmöglichkeiten 4 und 5 sind zusammengefaßt als „stimme nicht überein".

Angaben in % der Bevölkerung.

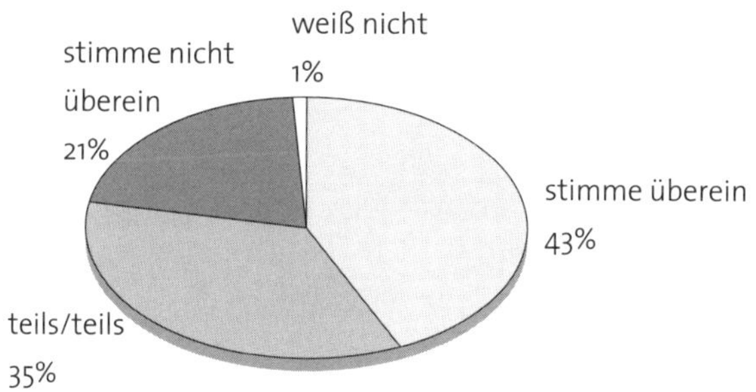

Quelle: Hohenheimer Emotionalitätsstudie II

Daten: EMNID 1998

Grafik II.1.5: Verhältnis von Gefühl und Vernunft

Für einen großen Teil der deutschen Bevölkerung liegt die Priorität klar bei den Gefühlen: Alles, was die Gefühle anspricht, ist für sie wichtiger als die rein rationalen Dinge des Lebens. Es ist überraschend, wie sehr in einer von Technik und Fachkompetenzen beherrschten sowie einer auf organisatorische Feinstrukturen gedrillten Alltagswelt Gefühle Eingang gefunden haben. Und nicht minder überraschend ist es, daß sich nur eine Minderheit der Deutschen zu einer rational beherrschten Lebensauffassung bekennt.

Fazit: *Die traditionelle Balance zwischen Vernunft und Gefühl hat sich offenbar in Richtung Gefühle verschoben.*

Es haben sich neue emotionalere Ansprüche in Deutschland etabliert, die herkömmliche Lebenspräferenzen überformen.

1.5. Emotionale Wertideale und Umgangsformen der Deutschen

Das neue emotionale Klima in Deutschland läßt sich zusammenfassend an einer Reihe von Wertidealen kennzeichnen. Dabei ist es interessant zu sehen, wie sich die Spannung und Ambivalenz zwischen freiem Gefühlsausdruck auf der einen Seite und Gefühlskontrolle auf der anderen Seite verhält.

Frage: „Ich nenne Ihnen nun Aussagen, die Eigenschaften und Verhaltensweisen von Personen beschreiben. Sagen Sie mir bitte, inwieweit Sie mit diesen Verhaltensweisen übereinstimmen."

Antworten anhand einer Skala von 1 (stimme voll und ganz überein) bis 5 (stimme überhaupt nicht überein). Antwortmöglichkeiten 1 und 2 sind zusammengefaßt als „stimme überein", Antwortmöglichkeit 3 entspricht „teils/teils", sowie Antwortmöglichkeiten 4 und 5 sind zusammengefaßt als „stimme nicht überein".

Angaben in % der Bevölkerung.

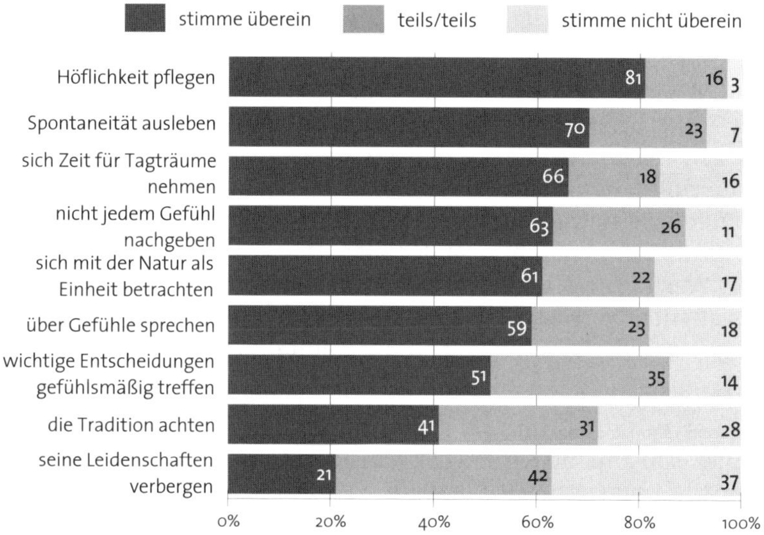

Quelle: Hohenheimer Emotionalitätsstudie I

Daten: eigene Erhebung 1998

Grafik II.1.6: Emotionale Wertideale und Umgangsformen

Die Befunde deuten auf einige interessante Entwicklungen in Deutschland hin: Für eine Mehrheit der Befragten gehören emotionale Wertideale zum Alltag. Sie lebt Spontaneität aus, nimmt sich Zeit für Tagträume, spricht über Gefühle und trifft auch wichtige Entscheidungen vermehrt „aus dem Bauch“. Auch gilt es offenbar als überholt, seine Leidenschaften stets zu verbergen. Die Deutschen pflegen vermehrt einen gefühlsorientierten Lebensstil, emotionale Wertideale und Verhaltensweisen finden auch in einem Großteil der Bevölkerung Resonanz.

Aber auch hier wird erneut das weiter bestehende Spannungsverhältnis zwischen offener gefühlsbetonter Lebensweise auf der einen Seite sowie Stil- und Disziplinregeln auf der anderen Seite sichtbar: Eigenschaften und Verhaltensweisen, die den ungezwungenen Gefühlsausdruck kontrollieren, haben unvermindert hohe Bedeutung für die Befragten: Höflichkeitsregeln spielen nach wie vor eine große Rolle in Deutschland. Auch sind die Bundesbürger nicht bereit, jedem Gefühl direkt nachzugeben. Dabei ist die Spannung zwischen Gefühlskontrolle und spontanem Gefühlsausdruck gewachsen. Beides steht mit ähnlichem Geltungsanspruch nebeneinander: einerseits Spontaneität, andererseits Gefühlsdisziplin; einerseits die Bereitschaft, seine Leidenschaft auszuleben, andererseits Beachtung von Höflichkeitsregeln; einerseits sich Zeit für Tagträume zu nehmen, andererseits die Tradition zu achten. Die neuen Wertideale sind nicht frei von inneren Widersprüchen. Man sucht offenbar verstärkt nach einem freieren Lebensgefühl, will es jedoch in einen herkömmlichen Rahmen einbinden.

Ob sich inzwischen die Beziehungen der Menschen in Deutschland informeller gestalten, und ob sich ein zwangloserer Umgangston abzeichnet, soll anhand der Frage nachgegangen werden, wie sich die legeren Stilformen entwickelt haben.

Frage: „Sagen Sie mir bitte, inwieweit Sie mit dieser Verhaltensweise übereinstimmen: Ich pflege legere Umgangsformen stärker als früher."

Antworten anhand einer Skala von 1 (stimme voll und ganz überein) bis 5 (stimme überhaupt nicht überein). Antwortmöglichkeiten 1 und 2 sind zusammengefaßt als „stimme überein", Antwortmöglichkeit 3 entspricht „teils/teils", sowie Antwortmöglichkeiten 4 und 5 sind zusammengefaßt als „stimme nicht überein".

Angaben in % der Bevölkerung.

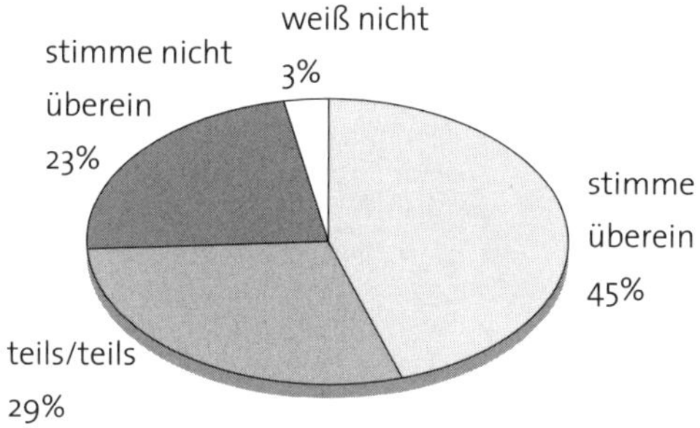

Quelle: Hohenheimer Emotionalitätsstudie II

Daten: EMNID 1998

Grafik II.1.7: Entwicklung legerer Umgangsformen

Die Bindungskräfte formaler Umgangsregeln sind offenbar deutlich zurückgegangen. Eine in Grundzügen informelle, offene und spontane Lebensart genießt inzwischen Vorrang. Fast die Hälfte der Bevölkerung pflegt heute eher legerere Umgangsformen als früher; und für ein weiteres Drittel der Deutschen scheint dies zumindest fallweise zu gelten. Am Prozeß der Informalisierung partizipieren die Deutschen in hohem Maß.

Fazit: *Emotionale Wertideale und Umgangsformen erfahren hohe Wertschätzung in Deutschland.*

Das Gleichgewicht zwischen Gefühlsausdruck und Gefühlskontrolle ist in Richtung einer offeneren und spontaneren Emotionalität verschoben. Allerdings sind die Informalisierungstendenzen nicht bar jeder Regulierung. Aspekte eines emotionalen Lebensstils und Regeln der Gefühlskontrolle überlagern sich auf spannungsreiche Weise. Insbesondere die von vielen geteilte enge gefühlsmäßige Bindung zur Natur ist ein Signal für eine höhere Sensibilität der Deutschen gegenüber den Werten der Umwelt sowie gegenüber dem Anspruch auf eine authentische und natürlichere Lebensweise.

1.6. Der gefühlsorientierte Lebensstil: Unterschiede zwischen Männern und Frauen

Existieren Unterschiede zwischen Männern und Frauen in der Wertschätzung von Emotionen und im Ausdruck der Gefühle in der Öffentlichkeit? Solche Unterschiede sind zu erwarten, denn mit dem Rollenbild der Frau sind Gefühle und ihr Ausdruck sehr viel stärker verbunden als mit dem klassischen Männerbild unserer Gesellschaft. Frauen werden als emotionaler gedeutet und offenere Gefühlsäußerungen bei ihnen eher toleriert als bei Männern.

Interessant ist in diesem Zusammenhang zu sehen, ob die traditionell den Frauen zugeschriebene Gefühlsdominanz nach wie vor ihre empirische Berechtigung hat. Sind die Frauen, wie es das Rollenbild erwarten läßt, die gefühlsorientierten und die Männer die vernunftorientierten? Zeigen sich zwischen den Geschlechtern signifikante Differenzen?

Frage: „Es gibt ja Menschen, bei denen das Gefühl gegenüber vernunftmäßigen Überlegungen überwiegt. Ist es auch für Sie ganz natürlich, in der Öffentlichkeit Gefühle zu zeigen?“

Antworten anhand einer Skala von 1 (ganz natürlich) bis 5 (völlig unnatürlich).

Frage: „Welche der folgenden Gefühle würden Sie eher in der Öffentlichkeit ausdrücken und welche eher nicht?“

Antworten anhand einer Skala von 1 (eher in der Öffentlichkeit ausdrücken) bis 5 (eher nicht in der Öffentlichkeit ausdrücken). Angaben des Durchschnittswertes jeder Aussage.

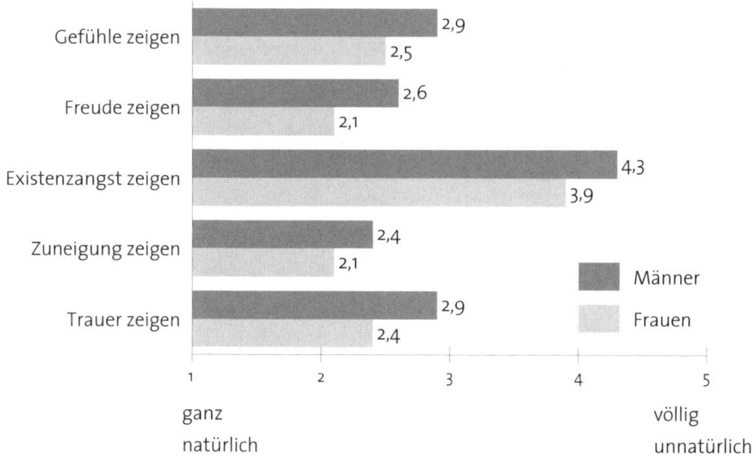

Quelle: Hohenheimer Emotionalitätsstudie I

Daten: eigene Erhebung 1998

Grafik II.1.8: Gefühle in der Öffentlichkeit: Geschlechtervergleich I

Wie erwartet, ist für Frauen der Gefühlsausdruck in der Öffentlichkeit generell natürlicher als für Männer. Dinge, die Gefühle ansprechen, sind ihnen tendenziell wichtiger. Auch zeigen die Frauen nicht nur positive Gefühlsregungen wie Freude oder Zuneigung eher in der Öffentlichkeit, sondern ebenso gesellschaftlich stärker kontrollierte Emotionen wie Trauer oder Existenzangst. Dennoch fällt auf, daß belastende Emotionen wie Ängste nicht ohne weiteres öffentlich ausgedrückt werden. Sie werden offenbar eher in der Privatsphäre artikuliert. Interessant an der Entwicklung ist vor allem der Umstand, daß auch Männer sich offenbar immer weniger gegen gefühlsmäßige Dinge immunisieren. Immerhin übersteigt die Zahl der Männer, die sich von gefühlsmäßigen Dingen ansprechen lassen, deutlich jene Gruppe von Männern, die allein einer vernunftgemäßen Lebensauffassung den Vorrang geben.

Frage: „Ich nenne Ihnen nun einige Aussagen, die Eigenschaften und Verhaltensweisen von Personen beschreiben. Sagen Sie mir bitte, inwieweit Sie mit diesen Verhaltensweisen übereinstimmen."

Antworten anhand einer Skala von 1 (stimme voll und ganz überein) bis 5 (stimme überhaupt nicht überein). Angaben des Durchschnittswertes jeder Aussage.

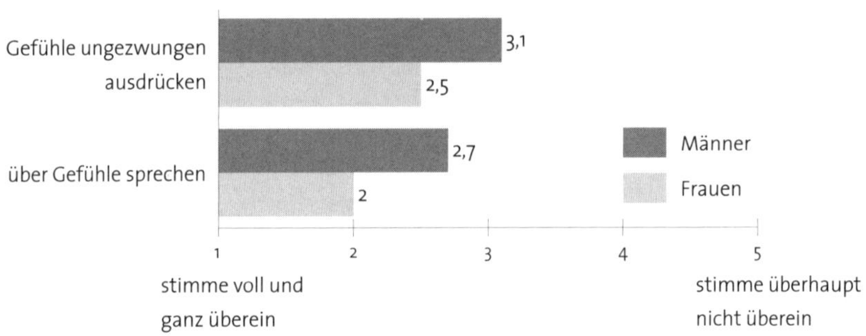

Quelle: Hohenheimer Emotionalitätsstudie I

Daten: eigene Erhebung 1998

Grafik II.1.9: Gefühle in der Öffentlichkeit: Geschlechtervergleich II

Auch die Befunde zum selbstverständlichen Ausdruck der Gefühle in der Öffentlichkeit weisen in dieselbe Richtung: Frauen zeigen ihre Gefühle nicht nur deutlich ungezwungener, sie sprechen auch viel eher über ihre Befindlichkeiten als Männer.

Wenn die geringere Gefühlskontrolle der Frauen aufgrund des weiblichen Rollenbildes auch nicht wirklich überrascht, sind die Daten über die männliche Gefühlskultur ungemein aufschlußreich: Interessanterweise zeigen Männer, deren Rollenbild den öffentlichen Gefühlsausdruck sehr viel strenger reglementiert, Werte, die eindeutig in Richtung einer offeneren Emotionalität tendieren. Offenbar hat der neue Emotionalitätsschub in Deutschland auch die Männer erfaßt. Über Gefühle zu sprechen, ist ihnen selbstverständlicher geworden.

Fazit: *Frauen sind gefühlsorientierter und drücken ihre Emotionen eher in der Öffentlichkeit aus als Männer, aber die abnehmende Gefühlskontrolle und die Abkehr von der Vernunftorientierung kennzeichnen auch das Verhalten von Männern.*

Nicht nur Frauen, sondern auch Männer sind heute Protagonisten des freieren Ausdrucks von Emotionen. Es bildet sich geschlechterübergreifend eine stärker von Gefühlen geprägte Alltagswelt, in der der Ausdruck von Befindlichkeiten zunehmend zur Selbstverständlichkeit geworden ist.

1.7. Bedeutung der emotionalen Dekoration im Dienstleistungsbereich

In vielen Lebensbereichen wird heute eine emotionale Dekoration in dem Sinne erwartet, daß man sich „gut aufgehoben“ fühlt; namentlich im Dienstleistungsbereich nimmt die Bedeutung der Emotionsarbeit von Mitarbeitern zu (vgl. Teil I, Abschnitt 4.3.). Dienstleistungsberufe mit persönlichem Kundenkontakt verlangen zunehmend einen der jeweiligen Situation angemessenen positiven Gefühlsausdruck. Vermehrt werden emotionale Tugenden wie Freundlichkeit, Verständnis, Bedauern etc. den Mitarbeitern einer Organisation abverlangt; und zwar unabhängig von ihrer eigenen Befindlichkeit. Sie müssen Emotionsarbeit verrichten.

Am Beispiel der Emotionsarbeit von Kellnern in einem Restaurant soll daher untersucht werden, ob das Bedürfnis der Deutschen nach emotionaler Dekoration so groß ist, daß auch nicht-authentische, bzw. aufgesetzte Gefühle positiv gewertet werden.

Frage: „Was halten Sie davon, wenn eine Bedienung in einem Restaurant sich bewußt freundlich verhält, ihr aber gar nicht danach zumute ist? Welche der folgenden Aussagen trifft/treffen auf Sie zu?“

Antworten anhand einer vorgelegten Liste. Mehrfachnennungen waren möglich.

Angaben in % der Bevölkerung.

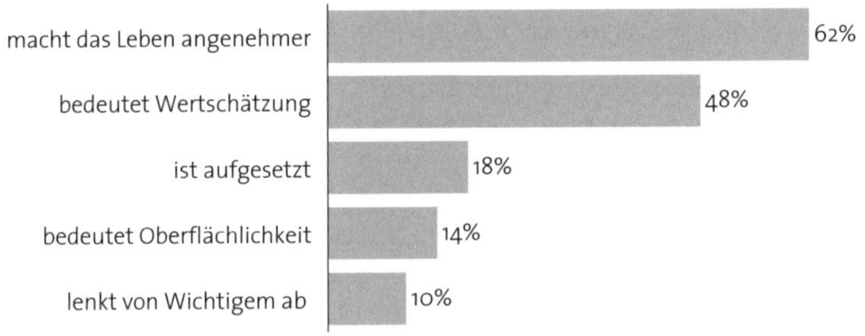

Quelle: Hohenheimer Emotionalitätsstudie I

Daten: eigene Erhebung 1998

Grafik II.1.10: Emotionalität im Dienstleistungsbereich

Interessanterweise ist der Anspruch der Deutschen nach „emotionaler Dekoration“ so stark, daß auch dort Emotionsarbeit verlangt wird, wo den Betroffenen nicht danach zumute ist. Für eine deutliche Mehrheit macht dies das Leben angenehmer, und knapp die Hälfte der Deutschen bewertet Emotionsarbeit darüber hinaus als Ausdruck gegenseitiger Wertschätzung. Nur ein jeweils kleiner Anteil lehnt die Emotionsarbeit der Bedienung als aufgesetzt oder oberflächlich ab. Der Ausdruck angemessener Gefühle in einer Dienstleistungsbeziehung wird damit zu einem wichtigen Erfolgsfaktor. Er wird auch dort abverlangt, wo er mit Authentizität oder natürlicher Befindlichkeit kollidieren sollte.

Allerdings zeigen sich leichte Unterschiede in der Bewertung zwischen den alten und neuen Bundesländern. Im Westen wird der Emotionsarbeit eine etwas höhere Anerkennung entgegengebracht als im Osten. In der Bewertung von Freundlichkeit als Ausdruck gegenseitiger Wertschätzung ist die Zustimmung im Westen mit 51% signifikant höher als im Osten (42%).

Fazit: *Der Dienstleistungsbereich ist durch neue emotionale Anforderungen geprägt.*

Das Bedürfnis nach passender emotionaler Dekoration des Lebens nimmt in Deutschland zu. Kunden stellen heute weitergehende atmosphärische Ansprüche, die über die reine Produktleistung deutlich hinausgehen. Das Verständnis von Dienstleistung hat sich gewandelt. Das „Wie", der emotionale Stil entscheidet vermehrt über den Erfolg von Kundenbindungen.

---

2. Emotionale Ansprüche an Unternehmen

Ulrike Fink-Heuberger

Die generell wachsende Bedeutung und Wertschätzung von Emotionalität läßt vermuten, daß die Deutschen vermehrt emotionale Erwartungen auch an Unternehmen richten. Möglicherweise besteht in der deutschen Öffentlichkeit ein unterschwelliges Bedürfnis, daß Unternehmen ihre wirtschaftlichen und gesellschaftlichen Funktionen nicht nur auf eine rationale, sondern auch auf eine emotionale Ebene gründen. Das heißt: Einerseits wird ein starkes Auftreten der Unternehmen auf betriebswirtschaftlichem und gesellschaftlichem Terrain von einem Großteil der Bevölkerung wie selbstverständlich erwartet; andererseits ist noch ungeprüft, inwieweit dabei von Unternehmen auch emotionale Sensibilität eingefordert wird, und welche emotionalen Handlungsstandards ihnen dabei abverlangt werden. Es ist die Frage zu klären, ob die Menschen im Hinblick auf Unternehmen nach emotionalen Geländern suchen, die ihnen in der rationalen Wirtschaftswelt zumindest symbolische Orientierung bieten und gleichzeitig ihre Sehnsucht nach emotionaler Dekoration bedienen.

Antworten auf folgende Kernfragen werden in diesem Kapitel formuliert:

- Gibt es ein Bedürfnis nach einem emotionalen Erscheinungsbild von Unternehmen?
- Gibt es ein Bedürfnis nach einem emotionalen Auftreten von Unternehmen?

2.1. Emotionales Erscheinungsbild von Unternehmen

Die Frage nach der Bedeutung eines gefühlsbetonten Erscheinungsbildes der Unternehmen kann eine Antwort darauf geben, ob sich das gestiegene Bedürfnis nach emotionaler Dekoration in der deutschen Gesellschaft (vgl. Teil I Kapitel 4) auch im Bereich der Wirtschaft niederschlägt. Ermittelt wird die Intensität des Anspruchs an Unternehmen, das von Gefühlen entleerte wirtschaftliche Leben emotional aufzufüllen und die Öffentlichkeit gefühlsmäßig anzusprechen.

Frage: „Unternehmen müssen mich gefühlsmäßig ansprechen: Bitte geben Sie an, inwieweit Sie dieser Meinung zustimmen."

Antworten anhand einer Skala von 1 (stimme voll und ganz zu) bis 5 (stimme überhaupt nicht zu). Antwortmöglichkeiten 1 und 2 sind zusammengefaßt als „stimme zu", Antwortmöglichkeit 3 entspricht „teils/teils", sowie Antwortmöglichkeiten 4 und 5 sind zusammengefaßt als „stimme nicht zu".

Angaben in % der Bevölkerung.

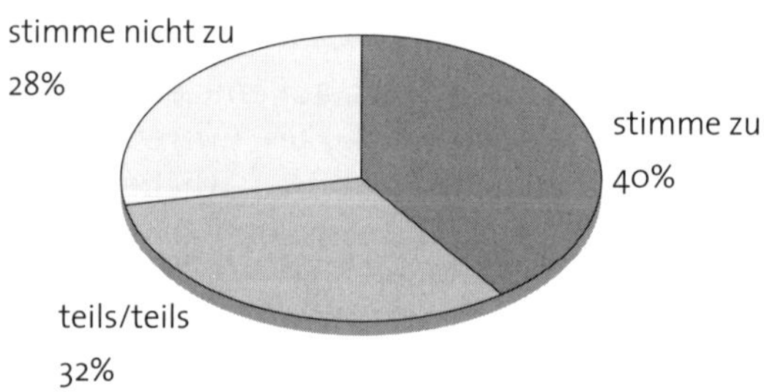

Quelle: Hohenheimer Emotionalitätsstudie I

Daten: eigene Erhebung 1998

Grafik II.2.1: Emotionales Erscheinungsbild von Unternehmen

Ein emotionales Erscheinungsbild der Unternehmen auf der öffentlichen Bühne wird eindeutig positiv beurteilt. Ein relativ großer Prozentsatz der deutschen Bevölkerung ist sich darin einig, daß Unternehmen auch auf der emotionalen Ebene ansprechen müssen. Hinzu kommt, daß nochmals ein knappes Drittel der Befragten zumindest in bestimmten Situationen – eventuell in Krisenfällen oder anderen Ausnahmesituationen – vom Unternehmen erwarten, mit seiner öffentlichen Darstellung auch die Gefühle der Kunden und der Öffentlichkeit zu bedienen. Diese Einstellung ist im übrigen über alle Bevölkerungsteile hinweg gleichermaßen zu beobachten: bei Männern wie Frauen, bei Ostdeutschen wie Westdeutschen, bei alten und jungen Menschen.

Die Ausstrahlung ökonomischer Kompetenz von Unternehmen genügt den meisten Menschen in Deutschland nicht mehr, sie muß vielmehr auch emotional unterlegt sein.

Fazit: *Die deutsche Bevölkerung erwartet vermehrt von Unternehmen ein emotionales Erscheinungsbild und damit etwas mehr emotionale Dekoration der Wirtschaftswelt.*

Es besteht zunehmend der Anspruch, daß sich Unternehmen nicht nur auf der rationalen Wirtschaftsebene sicher bewegen, sondern daß die „corporate identity“ eines Unternehmens auch getragen wird von einer emotionalen Aura.

2.2. Emotionales Auftreten von Unternehmen

Ein emotionales Erscheinungsbild wird vermittelt durch ein konkretes gefühlsbetontes Auftreten. Interessant ist in diesem Zusammenhang die Frage, ob an die Unternehmen tatsächlich ein solches Auftreten adressiert wird – beispielsweise in Form von öffentlicher Anteilnahme der Unternehmen. Sollen also Unternehmen bei bestimmten Anlässen – wie bei selbstverschuldeten Katastrophen, bei gesellschaftlichen Tragödien, bei internationalen Katastrophen etc. – gefühlsmäßige Anteilnahme zeigen?

Frage: „Gibt es Situationen oder Ereignisse, bei denen Sie von einem Unternehmen erwarten, daß es öffentlich Anteilnahme zeigen sollte?"

Angaben in % der Bevölkerung.

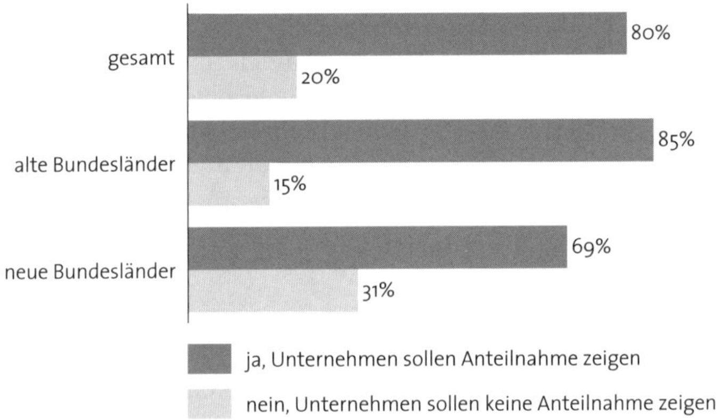

Quelle: Hohenheimer Emotionalitätsstudie I

Daten: eigene Erhebung 1998

Grafik II.2.2: Emotionales Auftreten von Unternehmen: Vergleich alte und neue Bundesländer

Öffentliche Anteilnahme findet in Deutschland breite Zustimmung, vor allem in den alten Bundesländern. In den neuen Bundesländern scheint noch etwas stärker die Meßlatte rationaler Effizienzgesichtspunkte auf Unternehmensverhalten angelegt zu werden; was jedoch nicht heißt, daß hier emotionales Auftreten und Unternehmen als unvereinbar gelten. Der Tendenz nach ist die Ablehnung gegenüber gefühlsbetonter Etikette insgesamt recht niedrig.

Der Geschlechtervergleich ergibt sogar unter Männern eine breite Zustimmung zu gefühlsbetonterem Auftreten der Unternehmen. 75% der Männer befürworten eine solche Haltung und unterscheiden sich somit nicht wesentlich von den weiblichen Befragten, die zu 83% öffentliche Anteilnahme von Unternehmen bei bestimmten Ereignissen gutheißen.

Öffentliche Anteilnahme, bzw. emotionales Auftreten erwartet die deutsche Öffentlichkeit von den Firmen allerdings nicht für alle Vorkommnisse in gleicher Weise. Diese Erwartungshaltung wird vielmehr recht differenziert auf verschiedene Anlässe gerichtet:

Frage: „Welche Situationen und Ereignisse sind es, die eine öffentliche Anteilnahme von Unternehmen erforderlich machen?“

Angaben in % der Bevölkerung.

Durch das Unternehmen selbst verursachte Schäden	46%
Allgemeine Katastrophen/Notsituationen	20%
Umweltkatastrophen	12%
Politische Ereignisse	9%
Arbeitsplatzabbau	7%
keine Angabe	6%

Quelle: Hohenheimer Emotionalitätsstudie I

Daten: eigene Erhebung 1998

Grafik II.2.3: Öffentliche Anteilnahme von Unternehmen

Öffentliche Anteilnahme und damit emotionales Auftreten wird nicht zu jeder Zeit und in allen möglichen Situationen in gleicher Intensität von den Unternehmen verlangt; sondern vornehmlich dann, wenn es um Krisenfälle geht, die das Unternehmen selbst verursacht hat, oder wenn es sich um besonders prekäre Ereignisse handelt.

Fazit: *Insgesamt führt ein emotionales Auftreten der Unternehmen zu einer höheren Wertschätzung in der Öffentlichkeit als ein auf reine betriebswirtschaftliche Erfordernisse beschränkter Habitus.*

Die Öffentlichkeit erwartet, daß Unternehmen ihren Befindlichkeiten vor allem bei selbst verursachten Schäden sowie bei Katastrophen und allgemeinen Notsituationen Respekt erweisen. Das heißt: Emotionales Auftreten ist als Stilmittel der (symbolischen) Unternehmenskommunikation zu berücksichtigen. Insofern wird der neue emotionale „way of life“ in Zukunft auch für den „way of economics“ Geltung haben.

3. Personalisierung des Managements

Ulrike Fink-Heuberger

Mit der Emotionalisierung des Erscheinungsbildes von Unternehmen ist voraussichtlich – wie in der Politik die Personalisierung der Wahlkämpfe (vgl. Teil I Kapitel 3.2.) – die Personalisierung der Wirtschaftswelt eng verbunden. Es ist daher interessant zu sehen, ob die Unternehmensentscheider dieser neuen kulturellen Codierung unterliegen, und inwieweit auch bei ihnen Emotionen eine neue Form von Legitimation ihrer Handlungen stiften können. Dies beinhaltet folgende Fragestellungen: Gibt es in der deutschen Gesellschaft ein Bedürfnis nach Prominenz der Manager? Und gibt es ein Verlangen nach Emotionalisierung der Manager? Zumindest spricht die Informalisierung in vielen Lebensbereichen dafür, daß für die Öffentlichkeit auch der Zugang zu Unternehmen unverkrampfter, direkter und selbstverständlicher sein sollte. Deshalb ist zu ermitteln, welche Portion Inszenierung seitens der Unternehmen auf der öffentlichen Bühne erforderlich ist.

Das neue emotionale Klima in Deutschland führt im Hinblick auf die Untersuchung der Emotionalisierung und Personalisierung des Managements folgende Nachforschungen ins Feld:

- Gibt es ein Bedürfnis nach emotionaler Kommunikation des Managements?
- Gibt es ein Bedürfnis nach emotionaler Entscheidungskompetenz im Management?
- Gibt es Prominenzansprüche an das Management?

3.1. Emotionale Kommunikation des Managements

Angesichts der Entwicklung, daß in der deutschen Gesellschaft Maßstäbe der Authentizität in Form von Selbstenthüllung und sprachlicher Informalisierung vermehrt akzeptiert und gewünscht sind (vgl. Teil I Kapitel 3), stellen sich folgende Fragen: Inwieweit werden auf Manager emotionale Inszenierungsregeln übertragen? Und: Wie wird emotionale Kommunikation der Manager bewertet?

Frage: „Wie bewerten Sie folgendes Ereignis? Ein Topmanager der deutschen Wirtschaft äußert sich öffentlich gefühlsbetont, z.B. über verlorengegangene Arbeitsplätze."

Antworten anhand einer Skala von 1 (finde ich sehr gut) bis 5 (finde ich überhaupt nicht gut). Antwortmöglichkeiten 1 und 2 sind zusammengefaßt als „finde ich gut", Antwortmöglichkeit 3 entspricht „teils/teils", sowie Antwortmöglichkeiten 4 und 5 sind zusammengefaßt als „finde ich nicht gut".

Angaben in % der Bevölkerung.

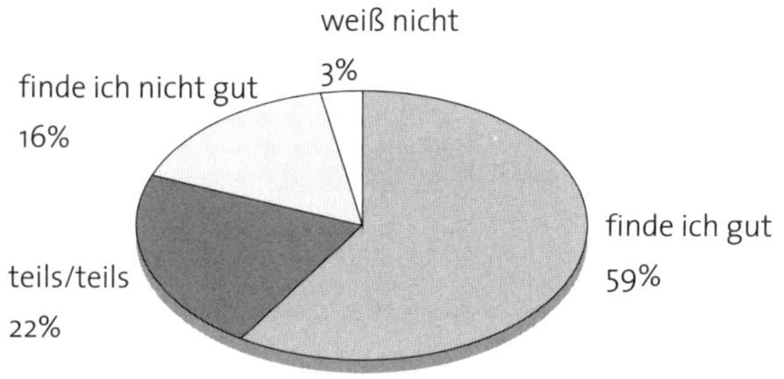

Quelle: Hohenheimer Emotionalitätsstudie I

Daten: eigene Erhebung 1998

Grafik II.3.1: Emotionale Kommunikation des Managements

Die sehr positive Bewertung der Öffentlichkeit von emotionaler Kommunikation signalisiert, daß Unternehmen es zulassen können, die Standards der Kommunikations- und Informationspolitik zu emotionalisieren. Ein Stück weit Selbstenthüllung und Authentizität der Manager und damit des Unternehmens ist durchaus gewünscht.

Die Befürwortung von mehr Gefühl im Management der deutschen Wirtschaft ist allerdings bei der westdeutschen Bevölkerung um einige Grade stärker ausgeprägt als bei den ostdeutschen Landsleuten.

Frage: „Wie bewerten Sie folgendes Ereignis? Ein Topmanager der deutschen Wirtschaft äußert sich öffentlich gefühlsbetont, z.B. über verlorengegangene Arbeitsplätze."

Antworten anhand einer Skala von 1 (finde ich sehr gut) bis 5 (finde ich überhaupt nicht gut). Antwortmöglichkeiten 1 und 2 sind zusammengefaßt als „finde ich gut", Antwortmöglichkeit 3 entspricht „teils/teils", sowie Antwortmöglichkeiten 4 und 5 sind zusammengefaßt als „finde ich nicht gut".

Angaben in % der Bevölkerung. Zu 100 fehlende %: „Weiß nicht".

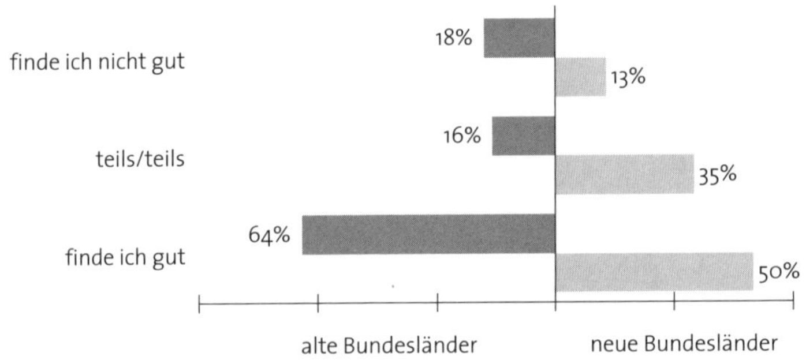

Quelle: Hohenheimer Emotionalitätsstudie I

Daten: eigene Erhebung 1998

Grafik II.3.2: Emotionale Kommunikation des Managements: Vergleich alte und neue Bundesländer

Emotionale Kommunikation durch die Unternehmen wird genauso wie emotionales Auftreten in den neuen Bundesländern etwas verhaltener akzeptiert als in den alten Ländern der Bundesrepublik. Man ist im Osten Deutschlands noch vorsichtiger, vielleicht auch skeptischer in der Bewertung dessen, was eine gewisse Informalisierung der Managementkommunikation angeht. Im Westen dagegen haben sich die Erwartungen an eine neue, emotionale Codierung der Sprache der Wirtschaft in weiten Teilen durchgesetzt.

Fazit: *In der Kommunikation des Managements müssen sich vermehrt Sachargumente und emotionale Maßstäbe die Waage halten.*

Die vor allem in den alten Bundesländern verbreitete Wertschätzung emotionaler Kommunikation im leitenden Management torpediert die immer noch landläufige Auffassung, daß Äußerungen der Wirtschaft am wirkungsvollsten mit Sachargumenten zu füttern sind, um die Kommunikationspartner zu überzeugen oder Kompetenz zu signalisieren.

3.2. Emotionale Entscheidungskompetenz im Management

Betrachtet man den gesellschaftlichen Anspruch an eine Emotionalisierung des Managements, so ist die Umsetzung emotionaler Kommunikation nur ein möglicher Faktor. Gleichzeitig stellt sich auch die Frage, wie es die Öffentlichkeit beurteilt, wenn Manager in ihren Unternehmensentscheidungen auch emotional gesteuert sind.

Frage: „Wie bewerten Sie es, wenn sich ein Topmanager bei Unternehmensentscheidungen auch von Gefühlen leiten läßt?"

Antworten anhand einer Skala von 1 (finde ich sehr gut) bis 5 (finde ich überhaupt nicht gut). Antwortmöglichkeiten 1 und 2 sind zusammengefaßt als „finde ich gut", Antwortmöglichkeit 3 entspricht „teils/teils", sowie Antwortmöglichkeiten 4 und 5 sind zusammengefaßt als „finde ich nicht gut".
Angaben in % der Bevölkerung.

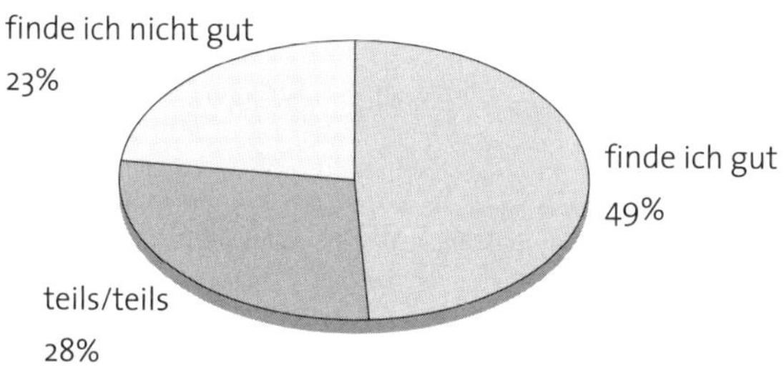

Quelle: Hohenheimer Emotionalitätsstudie I

Daten: eigene Erhebung 1998

Grafik II.3.3: Emotionale Entscheidungskompetenz des Managements

Fast die Hälfte der Deutschen würdigt es, wenn sich Manager in ihren Entscheidungen auch von Gefühlen leiten lassen. Differenziert in die Bevölkerungsgruppen der „Emotionalen“, nämlich derjenigen, die selbst zu mehr öffentlicher Gefühlsäußerung neigen und einen relativ hohen Prozentsatz der Befragten ausmachen (46%), und der „Formalen“, also derjenigen, die sich gefühlsmäßig eher bedeckt halten (18% der Deutschen), ergibt sich folgendes Bild:

Frage: „Wie bewerten Sie es, wenn sich ein Topmanager bei Unternehmensentscheidungen auch von Gefühlen leiten läßt?“

Antworten anhand einer Skala von 1 (finde ich sehr gut) bis 5 (finde ich überhaupt nicht gut). Antwortmöglichkeiten 1 und 2 sind zusammengefaßt als „finde ich gut“, Antwortmöglichkeit 3 entspricht „teils/teils“, sowie Antwortmöglichkeiten 4 und 5 sind zusammengefaßt als „finde ich nicht gut“.

Angaben in % der „Emotionalen“ und der „Formalen“.

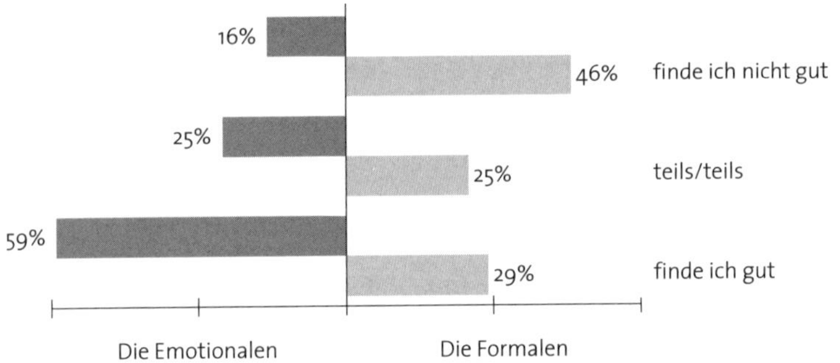

Quelle: Hohenheimer Emotionalitätsstudie I

Daten: eigene Erhebung 1998

Grafik II.3.4: Emotionale Entscheidungskompetenz des Managements: Vergleich „Emotionale“ und „Formale“

Der relativ hohe Prozentsatz der „Emotionalen“, der eher gefühlsbetonten Befragten denkt über emotionale Entscheidungskompetenz im Management erwartungsgemäß positiver als die „Formalen“, die eher vernunftorientierten Interviewten. Aber selbst unter diesen bewertet ein knappes Drittel gefühlsgeleitete Unternehmensentscheidungen als sehr gut oder zumindest gut. Das heißt: Selbst Menschen, in deren eigenem Leben eher die Vernunft regiert, würden Unternehmensentscheidungen, die auch einmal „aus dem Bauch heraus“ gefällt werden, nicht unbedingt kritisieren, sondern eher gutheißen.

Fazit: *Emotionale Entscheidungskompetenz wird zum neuen Faktor der öffentlichen Bewertung des Managements.*

Wichtigen Entscheidungen im Unternehmen soll natürlich nach wie vor eine präzise Überprüfung aller Sachlagen und rationaler Erwägungen vorausgehen. Neu ist allerdings bei einer emotionaler reagierenden Öffentlichkeit, daß auch die Fähigkeit, das richtige emotionale Gespür zum richtigen Zeitpunkt zu entwickeln, mehr und mehr zum Attribut einer Unternehmensautorität wird. Unternehmerische Entscheidungskompetenz heißt durchaus auch, emotionale Sensibilität zu entwickeln.

3.3. Prominenzansprüche an das Management

In Deutschland sind die Manager großer deutscher Unternehmen immer noch relativ wenig bekannt (vgl. Teil III Kapitel 3). Es herrscht möglicherweise ein Defizit an emotionalen Identifikationsfiguren im Bereich der Wirtschaft. Wie im ersten Teil der Studie für den Bereich der Politik der Faktor Prominenz herausgestellt wurde, ist zu vermuten, daß sich die Deutschen auch mehr personale Nähe zu den Unternehmensleitern und Unternehmensleiterinnen erhoffen – verbunden mit einem bestimmten Grad an personifizierbarer Integrität.

Diese Annahme führt zu der konkreten Frage, ob sich die Deutschen tatsächlich eine stärkere Bekanntheit der Unternehmensleiter wünschen.

Frage: „Man kennt ja viele Politiker aus dem Fernsehen und aus der Presse. Würden Sie es sich wünschen, so auch die leitenden Manager der größten deutschen Unternehmen besser kennenzulernen?“

Antworten anhand einer Skala von 1 (würde ich mir sehr wünschen) bis 5 (würde ich mir gar nicht wünschen). Antwortmöglichkeiten 1 und 2 sind zusammengefaßt als „würde ich mir wünschen“, Antwortmöglichkeit 3 entspricht „teils/teils“, sowie Antwortmöglichkeiten 4 und 5 sind zusammengefaßt als „würde ich mir nicht wünschen“.

Angaben in % der Bevölkerung.

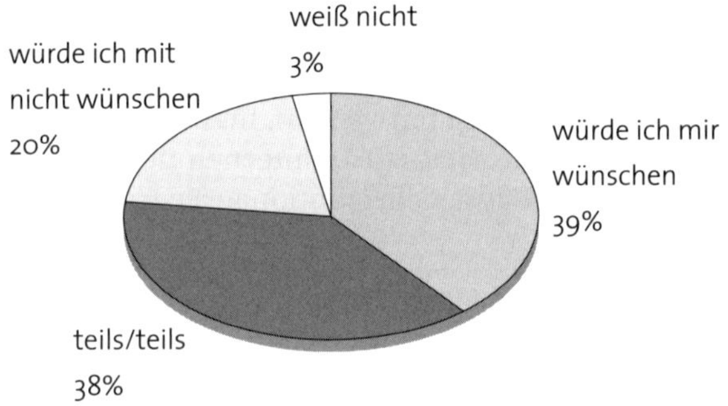

Quelle: Hohenheimer Emotionalitätsstudie I

Daten: eigene Erhebung 1998

Grafik II.3.5: Prominenzansprüche an das Management

Die Frage nach dem Stellenwert von Prominenzansprüchen an das Management muß differenziert beantwortet werden: Zwar erfährt eine bessere mediale Präsenz von Managern in der deutschen Gesellschaft eine relativ hohe Befürwortung; aber fast gleich viele Befragte sind unentschieden und halten Prominenzprozesse auf der Managementebene – wenn überhaupt – nur für bestimmte Entscheidungsträger für erstrebenswert. Das heißt: Die Einstellung der Öffentlichkeit zu Prominenz von Managern ist ambivalent: Einerseits sind mehr prominente Manager und Managerinnen erwünscht; die deutsche Öffentlichkeit möchte Unternehmensmanager personifiziert sehen und nicht mehr länger als „graue Eminenzen“, die im gesellschaftlichen background agieren. Andererseits tut sich die deutsche Öffentlichkeit noch schwer damit, die Seriosität, die im Grunde von den Unternehmen erwartet wird, mit Popularität und Prominenz der Unternehmensleiter und Unternehmensvorstände durchweg in Einklang zu bringen.

Fazit: *Eine relativ breite Gruppe der deutschen Bevölkerung wünscht sich mehr Prominenz der deutschen Wirtschaftselite und damit größere Transparenz des „inner circle“ der wirtschaftspolitischen Entscheidungsmacht in Deutschland. Gleichzeitig besteht aber auch der Wunsch danach, mit Prominenzattitüden dosiert umzugehen.*

Öffentliche Wertschätzung zu gewinnen, heißt für Deutschlands Unternehmensleiter, etwas mehr Bekanntheit und damit mehr Aufmerksamkeit zu erzielen. Leitende Manager unterliegen zunehmend der Legitimierung durch Sympathie. Die Berufung zum Topmanager verpflichtet in einer emotionsgeladeneren Gesellschaft mitunter zu etwas mehr an Prominenz; auch wenn sich ein nicht unerheblicher Teil der Bevölkerung erst daran gewöhnen muß. Aber Prominenz verweist unterschwellig auf emotionale Managementqualitäten, die öffentlich an Wertschätzung gewinnen, auch wenn sie von der Öffentlichkeit selbst nicht konkret benannt werden.

---

4. Gesellschaftliche Verantwortung von Unternehmen

Ulrike Fink-Heuberger

Die neue Dominanz emotionaler Werte in Deutschland, die im ersten Teil vor allem mit der zunehmenden Bedeutung postmaterialistischer Werte und der stärkeren Orientierung an Eigenbedürfnissen begründet wurde (vgl. Teil I Kapitel 7), kann im Hinblick auf Unternehmen überprüft werden im Stellenwert des Indikators „gesellschaftliche Verantwortung". Das heißt: Wie stark ist der emotional-moralische Wert „gesellschaftliche Verantwortung zu übernehmen" an die Unternehmen adressiert?

Frage: „Unternehmen haben ja eine Reihe von Aufgaben in der Gesellschaft zu erfüllen. Was sind für Sie die wichtigsten Aufgaben, was erwarten Sie von Unternehmen?"

Offene Frage ohne Antwortvorgaben. Angaben in % der Bevölkerung.

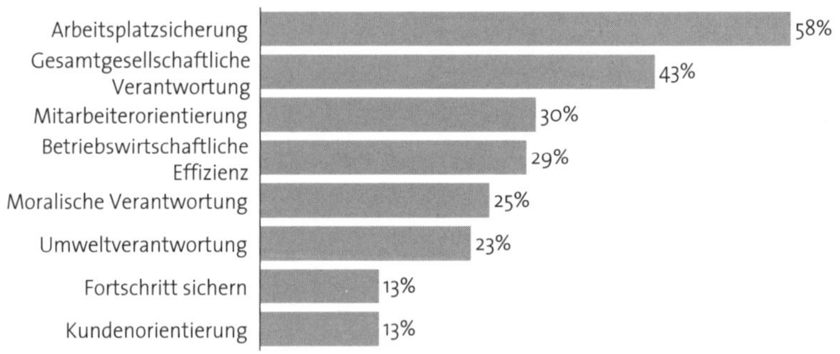

Quelle: Hohenheimer Emotionalitätsstudie I

Daten: eigene Erhebung 1998

Grafik II.4.1: Aufgaben von Unternehmen

Als unternehmerische Aufgabe jedenfalls wird die Übernahme „gesellschaftlicher Verantwortung“ in Deutschland sehr hoch geschätzt und nach „Arbeitsplatzsicherung“ als die zentrale Aufgabe den Unternehmen zugeschrieben.

In diesem Zusammenhang ist es aufschlußreich festzustellen, ob und wie in einer Zeit zunehmender Moralisierung Unternehmen mit dem ansteigenden Gewicht gesellschaftlicher und emotionaler Werte konfrontiert werden.

Die Tragweite des veränderten emotionalen Klimas für die Unternehmen wird mit folgenden Fragen geprüft:

- Welche Wertansprüche werden an die Unternehmen gerichtet?
- Stehen die Unternehmen in einem Spannungsfeld öffentlicher Kritik?
- Wie verhält es sich mit der Kundentreue auch bei moralischem Fehlverhalten eines Unternehmens?
- Welche Rolle spielt die Glaubwürdigkeit der unternehmerischen Informationspolitik?
- Schwächt „unglaubwürdige Unternehmenskommunikation“ die Kundentreue?
- Welche Bedeutung hat die „Krisenkommunikation“ für die emotionale Bewertung von Unternehmen?

4.1. Wertansprüche an Unternehmen

Die Aufwertung emotionaler Werte in Deutschland birgt die Frage, wie diese unterschwellige Emotionskultur für Unternehmen spürbar wird. Ein erster Kristallisationspunkt in diesem Zusammenhang ist die öffentliche Einforderung und die Bewertung des gesellschaftlichen Beitrags der Unternehmen.

Frage: „Die Wirtschaft hat ja einen großen Stellenwert in der Gesellschaft. Finden Sie, daß die meisten Unternehmen im großen und ganzen ihrer wichtigen Stellung in der Gesellschaft nachkommen? Oder würden Sie eher sagen, die Unternehmen könnten einen größeren Beitrag für unsere Gesellschaft leisten?"

Antworten anhand einer Skala von 1 (Unternehmen könnten einen weitaus größeren Beitrag leisten) bis 5 (Unternehmen leisten genug für unsere Gesellschaft). Antwortmöglichkeiten 1 und 2 sind zusammengefaßt als „der gesellschaftliche Beitrag könnte höher sein", Antwortmöglichkeit 3 entspricht „teils/teils", sowie Antwortmöglichkeiten 4 und 5 sind zusammengefaßt als „Unternehmen leisten genug für unsere Gesellschaft".

Angaben in % der Bevölkerung.

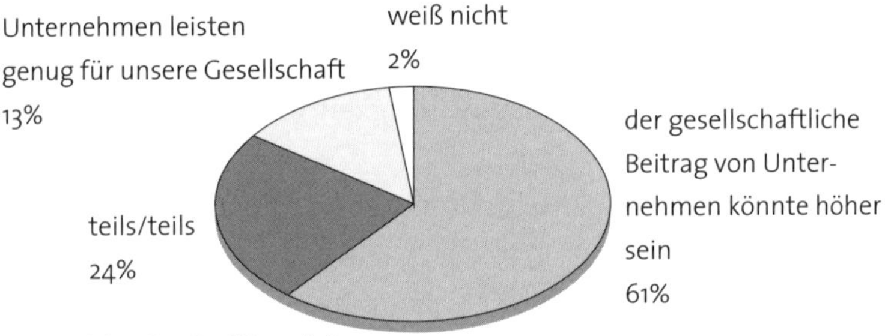

Quelle: Hohenheimer Emotionalitätsstudie I

Daten: eigene Erhebung 1998

Grafik II.4.2: Gesellschaftlicher Beitrag der Unternehmen

Die Deutschen fordern ganz eindeutig, daß Unternehmen mehr gesellschaftliche Verantwortung übernehmen sollten: Weit über die Hälfte der Befragten kommt ganz generell zu diesem Schluß und ein knappes Viertel sieht zumindest in bestimmten Fällen – also teils/teils – einen Nachholbedarf der Unternehmen in Sachen gesellschaftlicher Verantwortungsübernahme. Nur ein geringer Prozentsatz bewertet die gesellschaftlichen Leistungen der Unternehmen als ausreichend. Ein Ergebnis also, daß dazu anleitet, entweder tatsächlich einen höheren gesellschaftlichen Beitrag zu leisten, oder diesen für die Öffentlichkeit sichtbarer zu kommunizieren.

Die hohe Bedeutung von gesellschaftlicher Verantwortungsübernahme konkretisiert sich vor allem in folgenden Meinungen und Wertansprüchen der Deutschen gegenüber Unternehmen:

Frage: „Ich nenne Ihnen nun einige Meinungen über Unternehmen. Bitte geben Sie jeweils an, inwieweit Sie diesen Meinungen zustimmen."

Antworten anhand einer Skala von 1 (stimme voll und ganz zu) bis 5 (stimme überhaupt nicht zu). Antwortmöglichkeiten der Zustimmung 1 und 2 sind zusammengefaßt dargestellt.

Angaben in % der Bevölkerung.

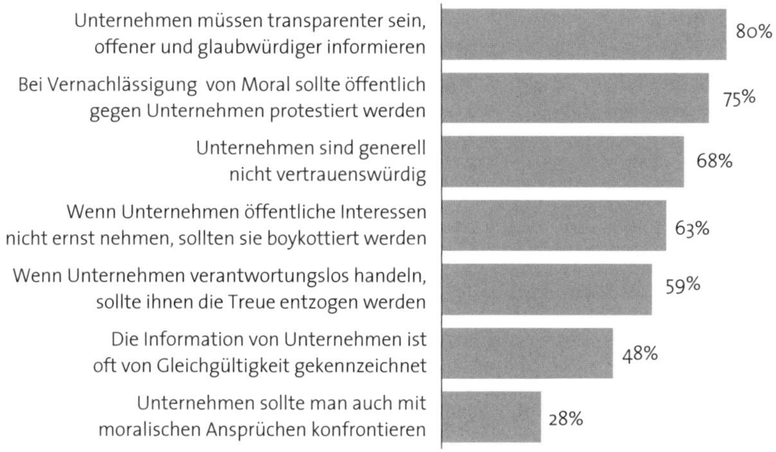

Quelle: Hohenheimer Emotionalitätsstudie I

Daten: eigene Erhebung 1998

Grafik II.4.3: Meinungen über und Ansprüche an Unternehmen

Die Kernpunkte gesellschaftlicher Verantwortung manifestieren sich in der Informationspolitik und im moralischen Verhalten der Unternehmen. Der öffentliche Auftrag an die Unternehmen heißt demnach: offen und glaubwürdig zu informieren. Auch werden Unternehmen zunehmend moralisch bewertet, und bei Vernachlässigung der Moral ist die Mehrheit der Befragten bereit, das Unternehmen in aller Öffentlichkeit dafür zur Verantwortung zu ziehen. Allerdings sieht es die Öffentlichkeit weniger als ihre Aufgabe an, die Unternehmen konkret mit moralischen Ansprüchen zu konfrontieren. Moral also als Wertanspruch, der automatisch erfüllt werden soll, ohne daß man über ihn spricht.

Auf einem ebenfalls noch sehr hohen Erwartungsniveau liegen die Ansprüche der Vertrauenswürdigkeit von Unternehmen und die Einforderungen öffentlicher Interessen. Viele Befragte machen deutlich, daß Unternehmen – zumindest ganz allgemein betrachtet – nicht stets vertrauenswürdig erscheinen.

Fazit: *Die neue Emotionskultur in Deutschland akzentuiert eine breitere gesellschaftliche und moralische Verantwortungsübernahme sowie einen größeren gesellschaftlichen Beitrag der Unternehmen.*

Das heißt auch, daß die deutsche Öffentlichkeit von Unternehmen mehr Verantwortungsbewußtsein in sozialen, moralischen und Kommunikationsfragen erwartet. Die moralische Ambiguität besteht allerdings darin, daß die Öffentlichkeit zwar von den Unternehmen moralische und emotionale Orientierung einfordert, aber nicht konkret und explizit benennt, was ihre moralischen Ansprüche an die Unternehmen jeweils sind.

4.2. Unternehmen im Spannungsfeld öffentlicher Kritik

In einer Gesellschaft, in der eher nach eigenen Wünschen und Bedürfnissen gehandelt wird und immer weniger nach dem Maßstab genereller Zwänge, und in der gleichzeitig Gefühle öffentlich artikuliert werden – wie im ersten Teil mit der These von der „Enttabuisierung der Emotionalität" herausgestellt wurde (vgl. Teil I Kapitel 5) – ist anzunehmen, daß auch Gefühlsäußerungen gegenüber Unternehmen nicht zurückgehalten werden. Es ist deshalb zu prüfen, ob Unternehmen in Deutschland nach wie vor einen Status haben, der sie weitgehend vor öffentlicher Kritik bewahrt.

Frage: „Man sollte die Unternehmen stärker gegen öffentliche Kritik in Schutz nehmen. Bitte geben Sie an, inwieweit Sie dieser Meinung zustimmen."

Antworten anhand einer Skala von 1 (stimme voll und ganz zu) bis 5 (stimme überhaupt nicht zu). Antwortmöglichkeiten 1 und 2 sind zusammengefaßt als „stimme zu", Antwortmöglichkeit 3 entspricht „teils/teils", sowie Antwortmöglichkeiten 4 und 5 sind zusammengefaßt als „stimme nicht zu".

Angaben in % der Bevölkerung.

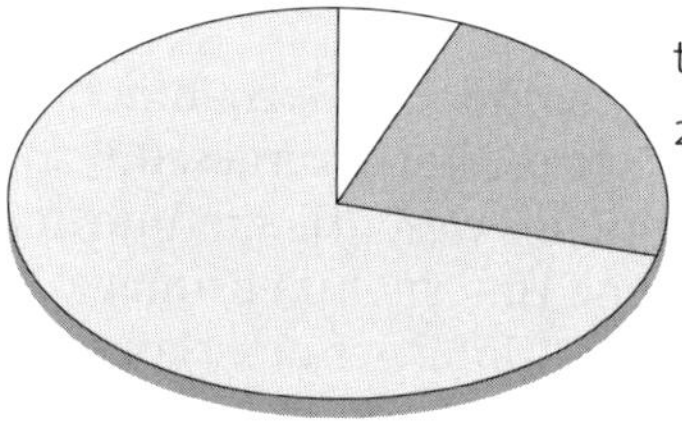

Quelle: Hohenheimer Emotionalitätsstudie I

Daten: eigene Erhebung 1998

Grafik II.4.4: Unternehmen im Spannungsfeld öffentlicher Kritik

Daß Unternehmen vor öffentlichen Beanstandungen in Schutz genommen werden sollten, wird von der Öffentlichkeit in ihrer überwiegenden Majorität eindeutig verneint. Allerdings sind nicht alle Befragten dieser Meinung: Immerhin ist ein knappes Viertel unter ihnen unentschieden. Aber auch für diese Bevölkerungsgruppe sollen Unternehmen nicht per se vor Kritik geschützt sein, selbst wenn ihnen im großen und ganzen Handlungs- und Wirkungsautonomie zugestanden wird.

Interessant ist in diesem Zusammenhang, daß Unternehmen im Osten Deutschlands größere Immunität genießen als im Westen. Während der westdeutsche Durchschnittswert auf der Skala „Man sollte Unternehmen vor öffentlicher Kritik in Schutz nehmen" bei 4,6 liegt – also sehr deutlich im Bereich der Ablehnung einer Inschutznahme der Unternehmen – liegt der Durchschnittswert der befragten Ostdeutschen bei 3,6. Daraus ergibt sich ein Unterschied von einem ganzen Intervall auf einer 5-stufigen Zustimmungsskala. So wird auch im Fall der Bewertung von Kritikäußerung die etwas rationalere Haltung der Menschen in den neuen Bundesländern gegenüber Unternehmen deutlich.

Insgesamt betrachtet, unterliegen die Unternehmen heute einem höheren öffentlichen Kritikpotential als früher. Kritik gegenüber Unternehmen zu äußern, erscheint einem Großteil der Bevölkerung durchaus legitim.

Fazit: *Unternehmen sind heute keine gesellschaftlichen Tabuzonen mehr, die vor Kritik geschützt sind.*

Unmutsempfindungen gegenüber Unternehmen werden nicht mehr aus gesellschaftlichem Zwang „heruntergeschluckt", sondern eher öffentlich gemacht. Kritik gilt als wesentlicher Informationsindikator für das tatsächliche öffentliche Unternehmensimage. Deshalb darf öffentliche Kritik in der externen Unternehmenskommunikation nicht unberücksichtigt bleiben. Erfolgreiche Unternehmenskommunikation heißt somit auch, einen angemessenen Reaktionsstil gegenüber Kritik zu entwickeln (vgl. Teil III Kapitel 8.5. und 8.6.).

4.3. Kundentreue bei moralischem Fehlverhalten von Unternehmen

Neben der öffentlichen Kritikäußerung stellt die Konsumententreue ein weiteres Mittel für die Öffentlichkeit dar, ihre moralischen Ansprüche gegenüber den Unternehmen – zumindest indirekt – deutlich zu machen. Es soll in diesem Zusammenhang getestet werden, wie stabil der Treuebonus gegenüber Unternehmen, vor allem gegenüber deren Produkte in Deutschland tatsächlich ist. Informativ ist dabei, inwieweit die deutschen Kunden den Unternehmen Verstöße gegen die neuen emotionalen Werte – wie beispielsweise Gesundheit und Sicherheit – verzeihen.

Frage: „Auch einem Unternehmen, das hin und wieder seiner Verantwortung für Gesundheit und Sicherheit nicht gerecht wird, sollte man seine Treue wahren, wenn einem das Produkt gefällt. Bitte geben Sie an, inwieweit Sie dieser Meinung zustimmen."

Antworten anhand einer Skala von 1 (stimme voll und ganz zu) bis 5 (stimme überhaupt nicht zu). Antwortmöglichkeiten 1 und 2 sind zusammengefaßt als „stimme zu", Antwortmöglichkeit 3 entspricht „teils/teils", sowie Antwortmöglichkeiten 4 und 5 sind zusammengefaßt als „stimme nicht zu".

Angaben in % der Bevölkerung.

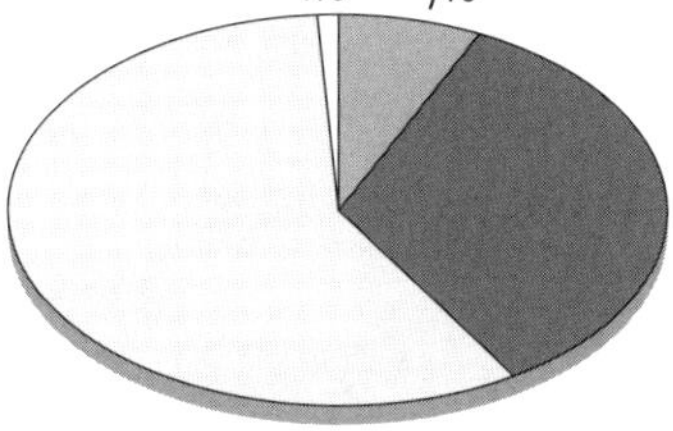

Quelle: Hohenheimer Emotionalitätsstudie I

Daten: eigene Erhebung 1998

Grafik II.4.5: Kundentreue bei moralischem Fehlverhalten

Die Mehrheit der Befragten lehnt es ab, weiterhin Produkte – auch wenn diese noch so überzeugend sind – eines Unternehmens zu kaufen, das seine gesellschaftliche Verantwortung nicht mehr erfüllt. Ein gutes Drittel der Deutschen ist in diesem Punkt unentschieden oder kann sich dies eventuell in extremen Fällen moralischen Vergehens vorstellen. Allerdings können sich die Unternehmen lediglich eines sehr kleinen Teils der Bevölkerung bezüglich absoluter Kundentreue sicher sein. Das Produkt reicht also längst nicht aus, um Menschen an ein Unternehmen zu binden. Konsumenten wollen überzeugt sein vom moralischem Standort des Unternehmens – nicht nur vom Produkt.

Die Frage, die sich aus dieser allgemein festgestellten Labilität der Kundentreue in Deutschland ergibt, ist, ob dieses Konsumentenverhaltens sowohl in den alten wie in den neuen Bundesländern eine breite Unterströmung darstellt.

Frage: „Auch einem Unternehmen, das hin und wieder seiner Verantwortung für Gesundheit und Sicherheit nicht gerecht wird, sollte man seine Treue wahren, wenn einem das Produkt gefällt. Bitte geben Sie an, inwieweit Sie dieser Meinung zustimmen?"

Antworten anhand einer Skala von 1 (stimme voll und ganz zu) bis 5 (stimme überhaupt nicht zu). Antwortmöglichkeiten 1 und 2 sind zusammengefaßt als „stimme zu", Antwortmöglichkeit 3 entspricht „teils/teils", sowie Antwortmöglichkeiten 4 und 5 sind zusammengefaßt als „stimme nicht zu". Angaben in % der Bevölkerung.

Quelle: Hohenheimer Emotionalitätsstudie I

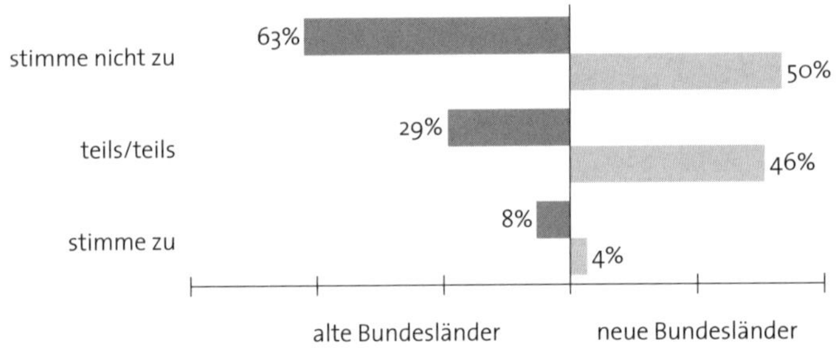

Daten: eigene Erhebung 1998

Grafik II.4.6: Kundentreue bei moralischem Fehlverhalten: Vergleich alte und neue Bundesländer

Die Kundentreue ist in Westdeutschland eindeutig labiler als in den neuen Bundesländern. Widersetzt sich ein Unternehmen seiner moralischen Verantwortung, so reagiert die westdeutsche Bevölkerung sensibler als ihre ostdeutschen Nachbarn. Das heißt: „Kundentreue" gegenüber Unternehmen ist bei der ostdeutschen Bevölkerung teilweise stärker verankert; das Produkt steuert hier noch etwas nachhaltiger das Konsumentenverhalten.

Fazit: *Die feste Bindung an Unternehmen und an seine Produkte nimmt mit der Zunahme an moralischem Fehlverhalten der Unternehmen ab.*

Im öffentlichen Bewertungsmaßstab für Unternehmen hat der Indikator „moralische Integrität" deutlich zugelegt. Mit der Verschiebung von den materiellen zu den postmateriellen Werten geht es in Deutschland nicht mehr nur um die Produktpalette oder die Produktqualität, die ein Unternehmen auf dem Markt offeriert. Vielmehr steht das Unternehmen selbst im Blickpunkt der Öffentlichkeit. Und dort positioniert sich ein Unternehmen nur dauerhaft, wenn es den moralisch-emotionalen Werte-Kodex der Gesellschaft in seiner Unternehmenspolitik berücksichtigt. Jeder Verstoß gegen die moralischen Werte wird mit hoher Wahrscheinlichkeit mit einem Treuemalus belegt.

4.4. Glaubwürdigkeit der Informationspolitik

Die Qualität der Informationspolitik in Aspekten der Transparenz und Glaubwürdigkeit steht in Deutschland weit oben im Ranking der Wertansprüche an Unternehmen (vgl. Teil II Kapitel 4.1.). Aufgrund dieser hohen Bedeutung wird im folgenden die Bewertung von Glaubwürdigkeit und Transparenz der unternehmerischen Informationspolitik in der deutschen Gesellschaft separat untersucht.

Frage: „Die Unternehmen müssen transparenter, offener und glaubwürdiger informieren. Bitte geben Sie an, inwieweit Sie dieser Meinung zustimmen."

Antworten anhand einer Skala von 1 (stimme voll und ganz zu) bis 5 (stimme überhaupt nicht zu). Antwortmöglichkeiten 1 und 2 sind zusammengefaßt als „stimme zu", Antwortmöglichkeit 3 entspricht „teils/teils", sowie Antwortmöglichkeiten 4 und 5 sind zusammengefaßt als „stimme nicht zu".

Angaben in % der Bevölkerung.

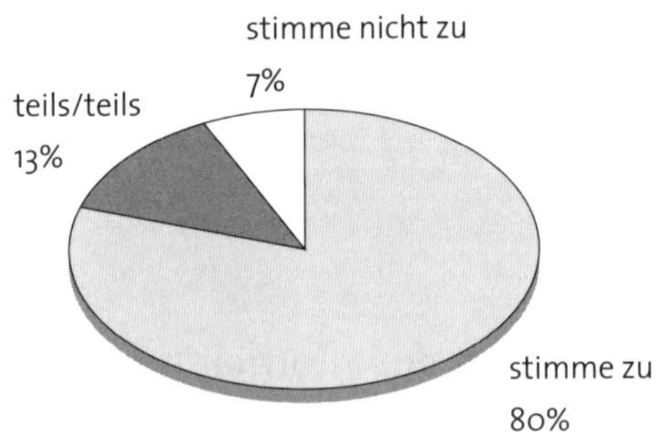

Quelle: Hohenheimer Emotionalitätsstudie I

Daten: eigene Erhebung 1998

Grafik II.4.7: Glaubwürdigkeit der Informationspolitik

Summa summarum bekommen Glaubwürdigkeit und Transparenz der unternehmerischen Informationspolitik ein eher schlechtes Zeugnis von den Deutschen ausgestellt. Denn ein Großteil der Befragten in Ost- und Westdeutschland sehen einen Nachholbedarf für die Unternehmen in puncto Aufrichtigkeit und Offenheit öffentlicher Mitteilungen. Zudem steht noch ein kleiner Teil von Unentschiedenen der Glaubwürdigkeit unternehmerischer Informationspolitik zumindest skeptisch gegenüber. Lediglich 7% halten entweder die von Unternehmen veröffentlichten Informationen per se für glaubwürdig und nachvollziehbar, oder Glaubwürdigkeit und Transparenz in der Unternehmenskommunikation schlicht für nicht notwendig.

Fazit: *Unternehmen haben einen Nachholbedarf in der Abdeckung öffentlicher Ansprüche bezüglich Glaubwürdigkeit, Offenheit und Transparenz ihrer Informationspolitik.*

Die Quantität der Informationen scheint für die öffentliche Wertschätzung der Unternehmen über alle Bevölkerungsteile in Deutschland hinweg weniger bedeutungsvoll zu sein als die uneingeschränkte Aufrichtigkeit und Plausibilität der Unternehmenskommunikation.

4.5. Bedeutung von „unglaubwürdiger Unternehmenskommunikation" für die Kundentreue

Der Faktor „Glaubwürdigkeit" ist ein zentraler Indikator für die Bewertung der Unternehmenskommunikation. Glaubwürdigkeit und Transparenz gehören unverkennbar zum emotionalen Maßstab einer erfolgreichen Informationspolitik und zur Grundlage der Kommunikation zwischen Öffentlichkeit und Unternehmen. Interessant ist deshalb zu ermitteln, was passiert, wenn Unternehmen nicht den allgemeinen Glaubwürdigkeitsansprüchen entsprechen.

Dabei bietet es sich an, die Stabilität der Kundentreue gegenüber einem Unternehmen bzw. seinen Produkten bei „unglaubwürdiger Unternehmenskommunikation" zu prüfen.

Frage: „Produkte von Unternehmen, die unglaubwürdig informieren, sollte man meiden, auch wenn sie einem gefallen. Bitte geben Sie an, inwieweit Sie dieser Meinung zustimmen."

Antworten anhand einer Skala von 1 (stimme voll und ganz zu) bis 5 (stimme überhaupt nicht zu). Antwortmöglichkeiten 1 und 2 sind zusammengefaßt als „stimme zu", Antwortmöglichkeit 3 entspricht „teils/teils", sowie Antwortmöglichkeiten 4 und 5 sind zusammengefaßt als „stimme nicht zu".

Angaben in % der Bevölkerung.

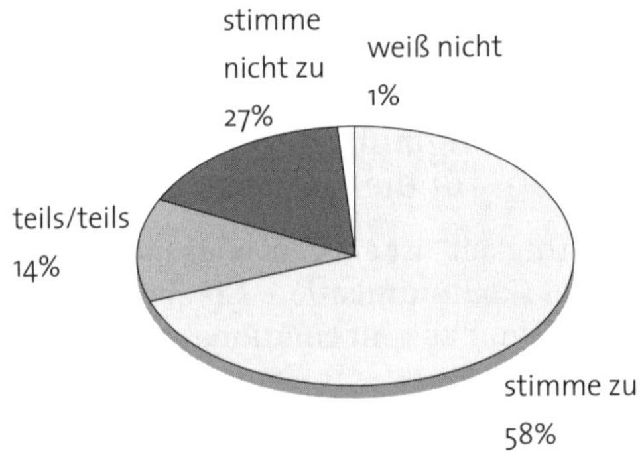

Quelle: Hohenheimer Emotionalitätsstudie II

Daten: EMNID 1998

Grafik II.4.8: Kundentreue bei „unglaubwürdiger Informationspolitik"

Entspricht ein Unternehmen mit seiner Kommunikations- und Informationspolitik nicht den vorherrschenden Glaubwürdigkeitsansprüchen, so hat es mit negativen öffentlichen Emotionsschüben zu rechnen. Zumindest würde die Mehrheit der Deutschen dann den Unternehmen und seinen Produkten – selbst wenn diese noch so ansprechend wären – die Treue aufkündigen. Für ein gutes Viertel (27%) der deutschen Bevölkerung allerdings spielt der Charakter der Unternehmenskommunikation – zumindest für ihre Konsumgewohnheiten – keine Rolle; was aber wiederum nicht heißt, daß diese Bevölkerungsgruppe unglaubwürdiger Unternehmenskommunikation grundsätzlich gleichgültig gegenübersteht.

Fazit: *Mangelnde Glaubwürdigkeit in der Unternehmenskommunikation reduziert die Absatzchancen.*

Die Kommunikation zwischen Unternehmen und Öffentlichkeit ist latent von Konsensproblemen gekennzeichnet und mitunter recht labil. Deshalb – und aufgrund des allgemeinen Moralisierungsklimas – hat der Glaubwürdigkeitsaspekt für die Unternehmenskommunikation einen herausragenden Stellenwert. Unglaubwürdige Informationspolitik verstößt nachhaltig gegen die moralischen Konventionen und Erwartungen der Deutschen, so daß ein Unternehmen nicht nur mit einer allgemeinen gefühlsmäßigen Ablehnung zu rechnen hat. Unglaubwürdigkeit zieht zudem Treueeinbußen bezüglich der Produkte nach sich. Mit einer weiteren Kundenbindung kann das Unternehmen nur noch in kleinerem Ausmaß rechnen.

4.6. Bedeutung von Krisenkommunikation

Viele Wirtschaftsunternehmen in Deutschland und deren Unternehmenskommunikation stehen unter ständiger öffentlicher Beobachtung. Dabei können die Erwartungen, die die Menschen an die Unternehmen richten, recht unterschiedlich sein. Interessant ist in diesem Zusammenhang die Frage, welche Erwartungen in der deutschen Gesellschaft vorherrschen, wenn ein Unternehmen zur Krisenkommunikation veranlaßt ist. Dies läßt sich messen an den erwünschten Unternehmensreaktionen beispielsweise im Falle einer durch das Unternehmen verursachten Umweltverschmutzung.

Frage: „Viele Wirtschaftsunternehmen in der Bundesrepublik stehen im Blickpunkt der Öffentlichkeit. Die Erwartungen an Unternehmen können allerdings recht verschieden sein. Welche öffentliche Reaktion des Unternehmens erwarten Sie als erstes, wenn dieses Unternehmen eine massive Umweltverschmutzung verursacht?"

Antworten anhand vorgegebener Erwartungskriterien. Zwei Nennungen waren möglich.

Angaben in % der Bevölkerung.

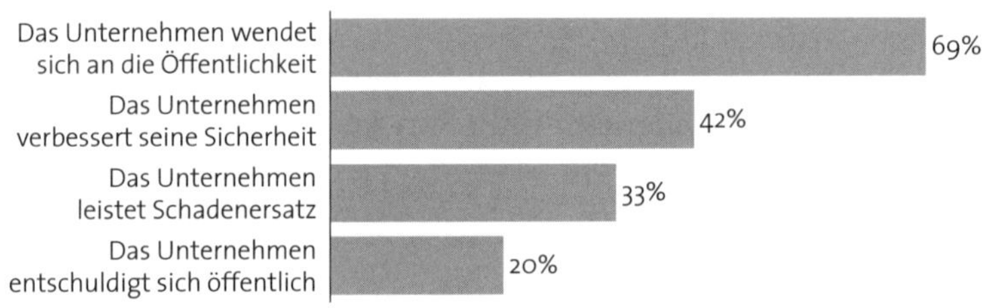

Quelle: Hohenheimer Emotionalitätsstudie II

Daten: EMNID 1998

Grafik II.4.9: Erwartete Unternehmensreaktionen bei einer Umweltverschmutzung

Wenn ein Unternehmen moralische Werte wie den Schutz der Umwelt vernachlässigt, ist sich die deutsche Bevölkerung in ihren Erwartungen an das Unternehmen der Tendenz nach einig: Es wird die „umgehende öffentliche Stellungnahme" auf Platz eins des Erwartungsrankings gesetzt. Ist das Informationsbedürfnis der Öffentlichkeit gestillt, werden selbstverständlich in zweiter Linie Gegenmaßnahmen, Sicherheitsverbesserungen und Schadensersatz angemeldet. Zudem haben fast 20% der Befragten den emotionalen Anspruch, daß sich das Unternehmen öffentlich entschuldigt und somit auch die Standards der emotionalen Kommunikation erfüllt.

Die hohe Bedeutung einer öffentlichen Stellungnahme läßt sich noch dadurch erhärten, daß diese Forderung über alle Bevölkerungsbereiche hinweg an erster Stelle genannt wird: Bei Männern wie Frauen, bei Ost- wie Westdeutschen, bei alten wie bei jungen Menschen liegt die „öffentliche Stellungnahme“ auf einem gleich hohen Erwartungsniveau. Eingriffe in die Natur und Umwelt sind offensichtlich per se emotional besetzt bzw. emotionale Güter, die für die Deutschen so wichtig sind, daß sie ihre Beschädigung stets erklärt haben wollen.

Fazit: *In Krisensituationen favorisiert die deutschen Öffentlichkeit unmittelbare, offene und glaubwürdige Informationspolitik.*

Die Erwartungen der deutschen Bevölkerung richten sich zwar nach wie vor auf das pragmatische und technische Know-how des Unternehmens. Aber zuvor drängt die Mehrheit mit Abstand zu mehr unmittelbarer Information durch das Verursacherunternehmen. Dies bedeutet für die Unternehmen im Fall einer Krisensituation, nicht nur auf künftige Verbesserungen zu verweisen, sondern umfangreich und schonungslos über Ursachen und Hergang der Umweltverschmutzung oder einer anderen Störung aufzuklären. Dabei gehört zum Krisenmanagement zunehmend die Erfüllung emotionaler Ansprüche. Das heißt: Die emotionalen Befindlichkeiten der Bevölkerung zu respektieren und sich öffentlich zu entschuldigen.

---

5. Vertrauen gegenüber Unternehmen

Brigitte Jahn-Zimmermann

Die Unternehmen kommen, wie die empirischen Befunde belegen, offenbar nicht in hinreichendem Maße dem öffentlichen Anspruch nach gesellschaftlicher Verantwortung nach. Dieser Zustand tangiert das generelle Verhältnis zwischen Unternehmern und Öffentlichkeit: Welches Vertrauen wird den Unternehmen in Deutschland heute noch entgegengebracht?

Das Vertrauen gegenüber Unternehmen ist eine zentrale Größe für Absatz, Akzeptanz und öffentliche Reputation. Ohne grundlegendes Vertrauen ist das Zusammenspiel zwischen Unternehmen und ihrem gesellschaftlichen Umfeld ein Gang auf dünnem Eis. In den letzten Jahrzehnten sind die Vertrauensdefizite gegenüber vielen politischen Institutionen und gerade auch gegenüber Unternehmen in Deutschland bekanntlich gestiegen (vgl. Teil I Kapitel 6). Damit stellt sich die Frage nach der Größe des verbliebenen Vertrauenspolsters, auf das die Unternehmen im Dialog mit der Öffentlichkeit letztlich zurückgreifen können:

- Wie groß ist das allgemeine öffentliche Vertrauen in die Unternehmen heute?
- Und im besonderen: Wie groß ist das Vertrauen der Deutschen, daß die Unternehmen gesellschaftliche Werte in ihren Entscheidungen berücksichtigen?

5.1. Generelles Vertrauen gegenüber Unternehmen

Trotz zunehmend professioneller Informationspolitik der Unternehmen und trotz ständig erweiterter Ressourcen in allen Bereichen der Unternehmenskommunikation scheint interessanterweise das Vertrauen der Öffentlichkeit gegenüber Unternehmen eher geschwächt als gestärkt zu sein:

Frage: „Man kann generell Vertrauen in die Unternehmen setzen. Bitte geben Sie an, inwieweit Sie dieser Meinung zustimmen."

Antworten anhand einer Skala von 1 (stimme voll und ganz zu) bis 5 (stimme überhaupt nicht zu). Antwortmöglichkeiten 1 und 2 sind zusammengefaßt als „stimme zu", Antwortmöglichkeit 3 entspricht „teils/teils", sowie Antwortmöglichkeiten 4 und 5 sind zusammengefaßt als „stimme nicht zu".

Angaben in % der Bevölkerung.

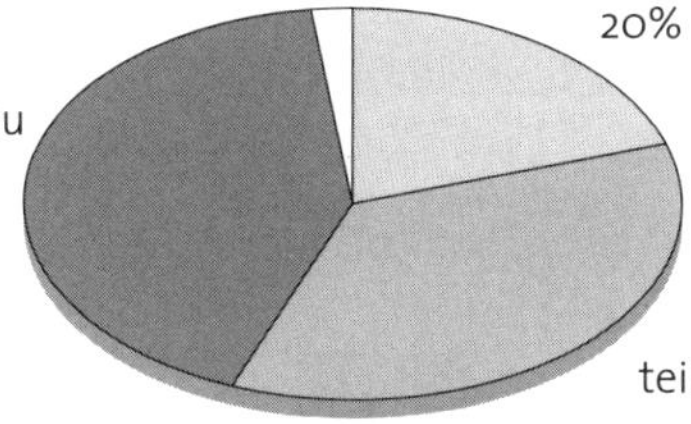

Quelle: Hohenheimer Emotionalitätsstudie II

Daten: EMNID 1998

Grafik II.5.1: Generelles Vertrauen in Unternehmen

Die empirischen Befunde belegen, daß das Vertrauen der Deutschen in die Unternehmen nach wie vor ausgesprochen defizitär ist. Nur ein Fünftel der Bevölkerung bringt den Unternehmen uneingeschränktes Vertrauen entgegen. Die Mehrheit der Befragten hält die Unternehmen für nicht vertrauenswürdig und für ein weiteres gutes Drittel sind Vertrauensbeziehungen offenbar an bestimmte Umstände gebunden. Dies ist ein Ergebnis, das alle Verantwortlichen der Unternehmenskommunikation nachdenklich stimmen muß.

Zwischen Männern und Frauen gibt es graduelle Unterscheidungen, was das Vertrauen gegenüber Unternehmen angeht: Für 46% der Frauen sind die Unternehmen nicht vertrauenswürdig, während dies nur 38% der Männer bekunden. Das Vertrauen der Frauen in die Unternehmen ist damit noch geringer ausgeprägt als das der Männer.

Auch im Vergleich zwischen alten und neuen Bundesländern zeigen sich deutliche Differenzen im Vertrauen gegenüber Unternehmen:

Frage: „Man kann generell Vertrauen in die Unternehmen setzen. Bitte geben Sie an, inwieweit Sie dieser Meinung zustimmen."

Antworten anhand einer Skala von 1 (stimme voll und ganz zu) bis 5 (stimme überhaupt nicht zu). Antwortmöglichkeiten 1 und 2 sind zusammengefaßt als „stimme zu", Antwortmöglichkeit 3 entspricht „teils/teils", sowie Antwortmöglichkeiten 4 und 5 sind zusammengefaßt als „stimme nicht zu".

Angaben in % der Bevölkerung. Zu 100 fehlende %: „Weiß nicht".

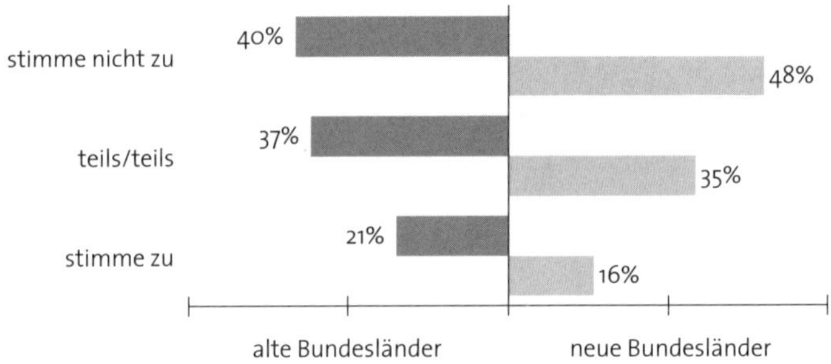

Quelle: Hohenheimer Emotionalitätsstudie II

Daten: EMNID 1998

Grafik II.5.2: Generelles Vertrauen in Unternehmen: Vergleich alte und neue Bundesländer

In den neuen Bundesländern ist die Skepsis gegenüber Unternehmen noch tiefer verwurzelt als in den alten Ländern. Das Vertrauen in Unternehmen ist alles andere als enttäuschungsfest. Offenbar bedarf es hier besonderer Vertrauensleistungen der Unternehmen, um die Distanz zur Bevölkerung zu überbrücken.

Interessant sind die Befunde noch aus einer anderen Sicht. Setzt man das Vertrauen der Deutschen in die Unternehmen in einen längerfristigen historischen Kontext, ergibt sich ein kontinuierlicher Prozeß der Vertrauensabnahme:

Frage: 1991 und 1993: „Könnten Sie mir bitte zu jedem Punkt auf dieser Liste sagen, wieviel Vertrauen Sie in jeden haben, ob Sie viel oder wenig Vertrauen haben?“ (Punkt ‚Große Wirtschaftsunternehmen‘).

Antwortmöglichkeit: viel Vertrauen oder wenig Vertrauen. Antwortmöglichkeit viel Vertrauen dargestellt.

Frage: 1998: „Man kann generell Vertrauen in die Unternehmen setzen. Bitte geben Sie an, inwieweit Sie dieser Meinung zustimmen.“

Antworten anhand einer Skala von 1 (stimme voll und ganz zu) bis 5 (stimme überhaupt nicht zu). Antwortmöglichkeiten 1 und 2 in der Darstellung zusammengefaßt.

Angaben in % der Bevölkerung.

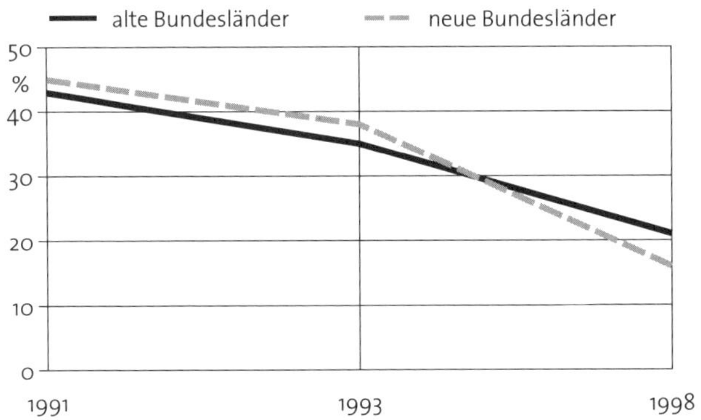

Quellen: 1991 und 1993: Institut für Demoskopie, Allensbach – eigene Darstellung

1998: Hohenheimer Emotionalitätsstudie II, Daten: EMNID

Grafik II.5.3: Vertrauen in Unternehmen

Die zunehmende Vertrauenskrise wird um so deutlicher, als die Werte für 1998 die Unternehmen insgesamt umfassen, und nicht nur – wie die Daten von 1991 und 1993 – die Großunternehmen, denen von vornherein offenbar mit mehr Mißtrauen begegnet wird.

Fazit: *Das Verhältnis zwischen Unternehmen und Öffentlichkeit ist durch wachsende Vertrauensdefizite gekennzeichnet.*

Den Unternehmen wird wenig Vertrauen entgegengebracht. Bei den Frauen ist die Skepsis noch ausgeprägter als bei Männern. Und auch die Bevölkerung in den neuen Bundesländern bringt den Unternehmen weniger Vertrauen entgegen als die Menschen in den alten Bundesländern. Die Beziehungen zwischen Unternehmen und Öffentlichkeit sind damit von vornherein mit einer Hypothek belastet: Das allgemein geringe Vertrauen in Unternehmen führt dazu, daß ihre Glaubwürdigkeit und öffentliche Reputation im Krisenfall besonders gefährdet scheinen.

5.2. Vertrauen in die gesellschaftliche Verantwortung der Unternehmen

Der generelle Mangel an Vertrauen gegenüber Unternehmen ist einer der frappierendsten Eckpunkte der Entwicklung in Deutschland. Der Eindruck der Vertrauenslabilität wird noch gestärkt, fragt man die Deutschen, ob man den Unternehmen in concreto trauen kann, daß sie zentrale gesellschaftliche Wertprioritäten wie z.B. Umweltschutz und Gesundheit stets berücksichtigen:

Frage: „Wie groß ist Ihr Vertrauen gegenüber Unternehmen, daß sie stets gesellschaftliche Werte wie Gesundheit, Schutz der Umwelt etc. berücksichtigen?"

Antworten anhand einer Skala von 1 (sehr großes Vertrauen) bis 5 (äußerst geringes Vertrauen). Antwortmöglichkeiten 1 und 2 sind zusammengefaßt als „Vertrauen in die Berücksichtigung gesellschaftlicher Werte", Antwortmöglichkeit 3 entspricht „teils/teils", sowie Antwortmöglichkeiten 4 und 5 sind zusammengefaßt als „kein Vertrauen in die Berücksichtigung gesellschaftlicher Werte".

Angaben in % der Bevölkerung.

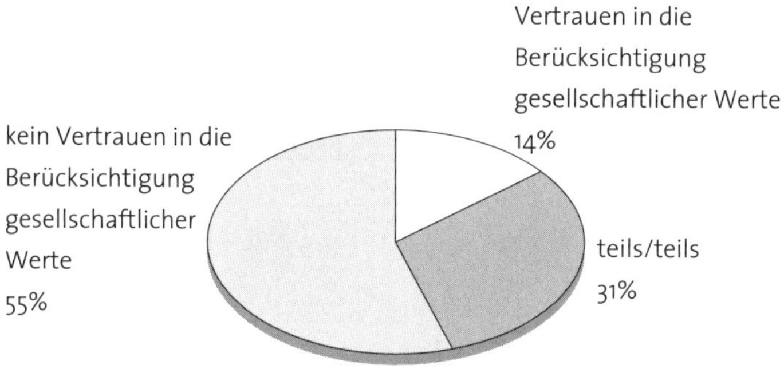

Quelle: Hohenheimer Emotionalitätsstudie I

Daten: eigene Erhebung 1998

Grafik II.5.4: Vertrauen in die Berücksichtigung gesellschaftlicher Werte

Auch in diesem Punkt zeichnen die empirischen Daten dasselbe Bild. Die Deutschen setzen wenig Vertrauen in die Bereitschaft der Unternehmen, ihrer gesellschaftlichen Verantwortung fraglos nachzukommen. Offenbar herrscht eine sehr zerbrechliche Vertrauensstruktur in den Beziehungen zwischen Öffentlichkeit und Wirtschaft.

Allerdings gibt es graduelle Unterschiede zwischen den alten und neuen Ländern:

Frage: „Wie groß ist Ihr Vertrauen gegenüber Unternehmen, daß sie stets gesellschaftliche Werte wie Gesundheit, Schutz der Umwelt etc. berücksichtigen?“

Antworten anhand einer Skala von 1 (sehr großes Vertrauen) bis 5 (äußerst geringes Vertrauen). Antwortmöglichkeiten 1 und 2 sind zusammengefaßt als „Vertrauen in die Berücksichtigung gesellschaftlicher Werte“, Antwortmöglichkeit 3 entspricht „teils/teils“, sowie Antwortmöglichkeiten 4 und 5 sind zusammengefaßt als „kaum Vertrauen in die Berücksichtigung gesellschaftlicher Werte“.

Angaben in % der Bevölkerung. Zu 100 fehlende %: „Weiß nicht“.

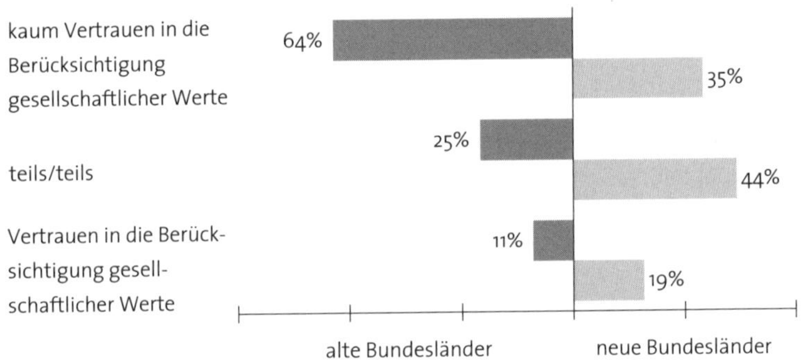

Quelle: Hohenheimer Emotionalitätsstudie I

Daten: eigene Erhebung 1998

Grafik II.5.5: Vertrauen in die Berücksichtigung gesellschaftlicher Werte: Vergleich alte und neue Bundesländer

Insgesamt fällt das Vertrauensbild in den neuen Bundesländern nicht ganz so kritisch aus wie im Westen. Zwar ist auch im Osten das generelle Vertrauen in die Wertsensibilität der Unternehmen nicht besonders hoch, aber die Gruppe derjenigen, die ein betont geringes Vertrauen haben, ist deutlich kleiner als in den alten Bundesländern. Vermutlich stimmen die Erfahrungen, die die Menschen in den neuen Bundesländern mit Umweltfragen gemacht haben, insgesamt etwas optimistischer, weil der Vergleich mit der Vorwendezeit offenbar positiv ausfällt.

Fazit: *Den Unternehmen wird in Deutschland nur geringes Vertrauen entgegengebracht, daß sie stets zentrale gesellschaftliche Belange achten.*

Darauf, daß die Unternehmen in ihren Entscheidungen nicht nur wirtschaftliche Zielsetzungen verfolgen, sondern auch zentrale emotional besetzte Wertgrundsätze der Gesellschaft berücksichtigen, vertraut nur eine Minderheit der Deutschen. Die generellen Vertrauensdefizite gegenüber Unternehmen sind zudem keine Augenblickserscheinung, sondern sind Ausdruck eines tiefer liegenden historischen Prozesses; eines mehr oder weniger kontinuierlichen Vertrauensschwunds.

6. Protestpotential gegenüber Unternehmen

Ulrike Fink-Heuberger

Das Grundvertrauen der Deutschen in die Unternehmen ist alles andere als stabil. Unternehmen befinden sich heute verstärkt im Spannungsfeld öffentlicher Kritik. Dies wirft die Frage auf, ob es die Deutschen eher bei passiver Kritik gegenüber Unternehmen belassen, falls sie ihrer gesellschaftlichen Verantwortung nicht nachkommen. Oder ob es in Deutschland bereits ein aktives Protestpotential gibt, das sich möglicherweise je nach Anlaß gegen Unternehmen zu richten vermag – wie es die generell gestiegene emotionale Temperatur in der Öffentlichkeit durchaus erwarten läßt.

Die Messung der emotionalen Mobilisierungskraft der deutschen Öffentlichkeit gegenüber Unternehmen erfordert die Klärung folgender Fragestellungen:

- Wie groß ist das öffentliche Unmutspotential gegenüber Unternehmen?

- Wie stark ist die Sanktionsbereitschaft gegenüber Unternehmen?
- Wie stark ist die generelle Protestbereitschaft gegenüber Unternehmen?
- Wie normal ist die Boykottbereitschaft gegenüber Unternehmen?

6.1. Öffentliches Unmutspotential gegenüber Unternehmen

Man kann heute von einem veränderten Stellenwert von Aggressionen im öffentlichen Leben ausgehen. Generell scheint das emotionale Klima in Deutschland gereizter zu sein. Es fragt sich daher, inwieweit sich diese neue Stimmungslage auch gegen Unternehmen zu wenden vermag. Wie tief reicht eigentlich das latente Unmutsreservoir in Deutschland?

Frage: „Finden Sie es richtig, wenn die Öffentlichkeit ihren Unmut gegenüber Politikern oder Unternehmen auch sehr gefühlsbetont äußert?"

Antworten anhand einer Skala von 1 (eher richtig) bis 5 (eher nicht richtig). Antwortmöglichkeiten 1 und 2 sind zusammengefaßt als „finde ich richtig", Antwortmöglichkeit 3 entspricht „teils/teils", sowie Antwortmöglichkeiten 4 und 5 sind zusammengefaßt als „finde ich nicht richtig".

Angaben in % der Bevölkerung.

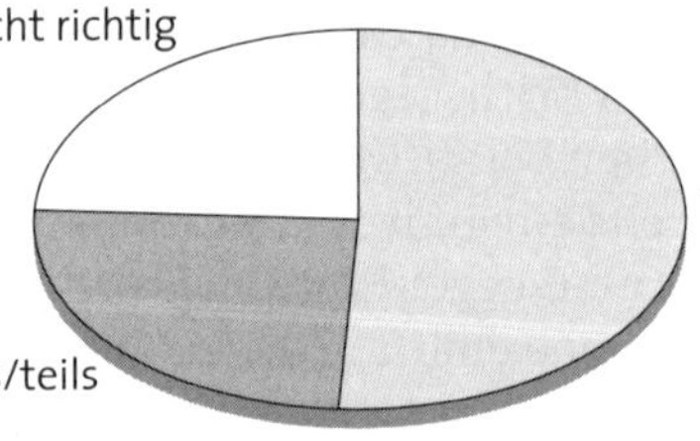

Quelle: Hohenheimer Emotionalitätsstudie II

Daten: EMNID 1998

Grafik II.6.1: Unmutspotential der deutschen Öffentlichkeit

Das Bedürfnis, seinem Unmut Luft zu machen, scheint in der deutschen Bevölkerung hoch zu sein. Unmut öffentlich zu äußern, etwa gegenüber Politikern oder auch Unternehmen, befürwortet die Hälfte der Deutschen. Doch das Unmutspotential reicht offenbar noch weiter: Interpretiert man den Bevölkerungsanteil der Unentschiedenen (25%) in der Weise, daß sie Unmutsäußerungen zumindest hin und wieder in bestimmten Situationen billigen, würde dies bedeuten, daß insgesamt zwei Drittel der Gesamtbevölkerung ihren Unmut gegenüber nicht akzeptablem Politikerverhalten oder nicht moralisch nachvollziehbaren Unternehmensentscheidungen durchaus artikulieren würde. Das heißt: Die Deutschen neigen zumindest latent dazu, öffentliche Äußerungen des Mißbehagens über Politik und Wirtschaft nicht nur zu tolerieren, sondern auch zu befürworten.

Dazu zeigen im übrigen die deutschen Männer eine deutlichere Bereitschaft als die Frauen:

Frage: „Finden Sie es richtig, wenn die Öffentlichkeit ihren Unmut gegenüber Politikern oder Unternehmen auch sehr gefühlsbetont äußert?“

Antworten anhand einer Skala von 1 (eher richtig) bis 5 (eher nicht richtig). Antwortmöglichkeiten 1 und 2 sind zusammengefaßt als „finde ich richtig“, Antwortmöglichkeit 3 entspricht „teils/teils“, sowie Antwortmöglichkeiten 4 und 5 sind zusammengefaßt als „finde ich nicht richtig“. Angaben in % der Bevölkerung. Zu 100 fehlende %: „Weiß nicht“.

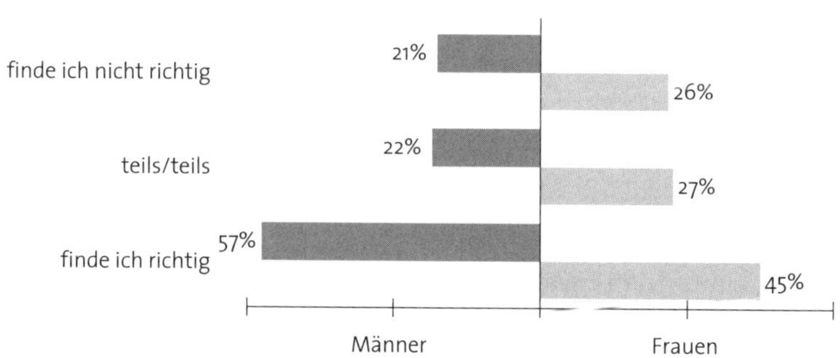

Quelle: Hohenheimer Emotionalitätsstudie II

Daten: EMNID 1998

Grafik II.6.2: Unmutspotential der deutschen Öffentlichkeit: Geschlechtervergleich

Öffentliche Unmutsbezeugungen werden vorzugsweise hervorgerufen durch nicht akzeptablen Darstellungsstil von Unternehmen und Politikern:

Frage: „Würden Sie eine Enttäuschung über schlechten Stil von Politikern und Unternehmen auch in der Öffentlichkeit ausdrücken?"

Antworten anhand einer Skala von 1 (eher in der Öffentlichkeit ausdrücken) bis 5 (eher nicht in der Öffentlichkeit ausdrücken). Antwortmöglichkeiten 1 und 2 sind zusammengefaßt als „würde ich öffentlich ausdrücken", Antwortmöglichkeit 3 entspricht „teils/teils", sowie Antwortmöglichkeiten 4 und 5 sind zusammengefaßt als „würde ich eher nicht öffentlich ausdrücken". Angaben in % der Bevölkerung.

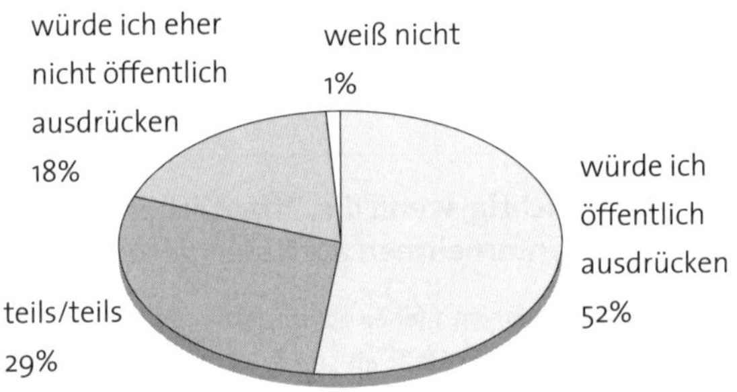

Quelle: Hohenheimer Emotionalitätsstudie I

Daten: eigene Erhebung 1998

Grafik II.6.3: Enttäuschung über Stilfragen in Politik und Unternehmen

Die latente Bereitschaft, öffentlich Unmut zu äußern, wird interessanterweise an der Verletzung von Stilfragen besonders deutlich.

Auf unangemessenen Unternehmens- bzw. Politikerhabitus wird offensichtlich in der deutschen Bevölkerung besonders empfindlich reagiert. Insofern vermag verbreitete Enttäuschung über einen schlechten Unternehmens- und Politikerstil durchaus in ein virulentes Unmutspotential umzuschlagen – auch wenn ein in etwa gleich großer Teil der Deutschen von Stilfragen der Politiker und Unternehmen eher unberührt bleibt.

Fazit: *Das öffentliche Unmutspotential gegenüber Politik und Unternehmen signalisiert eine latente Protesthaltung in Deutschland.*

Die bislang typisch deutsche Hinnahmementalität hat ein nicht zu unterschätzender Teil der west- wie ostdeutschen Bevölkerung durchbrochen. Viele Menschen – mehr noch die Männer als die Frauen – werden in Zukunft ihren Unmut oder ihre Enttäuschung über Politik und Wirtschaft nicht mehr zurückzuhalten. Insbesondere schlechter und unangemessener politischer oder unternehmerischer Stil veranlassen dazu, in der Öffentlichkeit gefühlsmäßig zu reagieren.

6.2. Sanktionsbereitschaft gegenüber Unternehmen

Bedürfnisse und Emotionen gelten vermehrt als öffentlich debattierbar und werden auch zunehmend öffentlich geäußert (vgl. Teil I Kapitel 3.8. und Kapitel 5). Wird seitens der Unternehmen auf diese allgemeine „Veröffentlichung" von affektiven Bedürfnissen nicht reagiert und werden die emotionalen und moralischen Ansprüche nicht erfüllt, ist – über ein gewisses Unmutspotential hinaus – vermutlich auch mit handfesten Sanktionen aus der Bevölkerung zu rechnen.

Es ist deshalb aufschlußreich zu untersuchen, auf welche Ebenen sich die Sanktionsbereitschaft streut:

Frage: „Ich nenne Ihnen nun einige Meinungen über Unternehmen. Bitte geben Sie jeweils an, inwieweit Sie diesen Meinungen zustimmen.“

Antworten anhand einer Skala von 1 (stimme voll und ganz zu) bis 5 (stimme überhaupt nicht zu). Antwortmöglichkeiten der Zustimmung 1 und 2 sind zusammenfassend dargestellt.

Angaben in % der Bevölkerung.

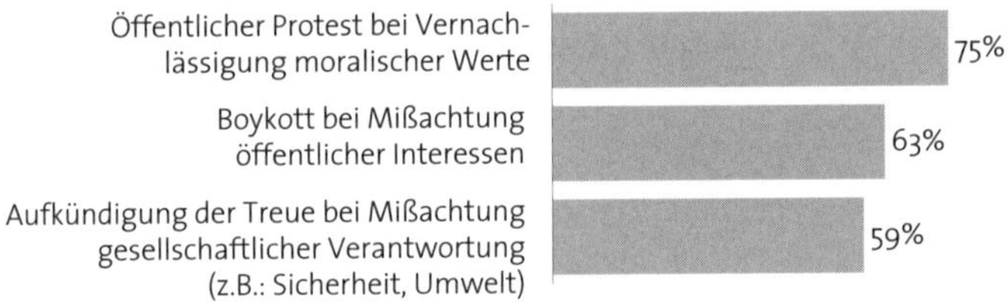

Quelle: Hohenheimer Emotionalitätsstudie I

Daten: eigene Erhebung 1998

Grafik II.6.4: Verteilung der Sanktionsformen gegenüber Unternehmen

Die Zustimmungsquoten in der deutschen Bevölkerung gegenüber der weichesten Sanktionsform („Aufkündigung der Kundentreue“) und gegenüber der härtesten Sanktionsform („Unternehmensboykott“) liegen relativ dicht beieinander. Formen der aktiven Sanktionsbereitschaft wie der „Aufkündigung der Kundentreue“ als auch dem „Unternehmensboykott“ wird durchschnittlich weniger zugestimmt als der etwas passiveren „öffentlichen Protesthaltung“. Insgesamt erreichen jedoch alle drei Sanktionsmöglichkeiten relativ hohe Zustimmung.

Interessant ist in diesem Zusammenhang die nähere Analyse der jeweiligen Nachhaltigkeit von Protest- und Boykottverhalten in den alten und neuen Bundesländern:

Frage: „Ich nenne Ihnen nun einige Meinungen über Unternehmen. Bitte geben Sie jeweils an, inwieweit Sie diesen Meinungen zustimmen.

Verschiedene Vorgaben, unter anderem:

- **Wenn Unternehmen moralische Werte wie den Schutz der Umwelt oder Gesundheit vernachlässigen, sollte man öffentlich protestieren.**
- **Man sollte Firmen boykottieren, die öffentliche Interessen ignorieren, z.B. den Umweltschutz nicht ernst nehmen."**

Antworten anhand einer Skala von 1 (stimme voll und ganz zu) bis 5 (stimme überhaupt nicht zu). Angaben in jeweiligen Durchschnittswerten.

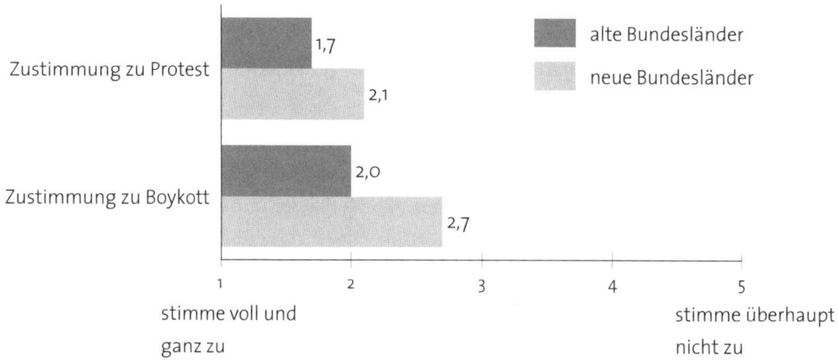

Quelle: Hohenheimer Emotionalitätsstudie I

Daten: eigene Erhebung 1998

Grafik II.6.5: Sanktionsbereitschaft gegenüber Unternehmen: Protest/Boykott. Vergleich alte und neue Bundesländer

Im Ost-West-Vergleich liegt die Bereitschaft der Westdeutschen zu beiden Sanktionstypen „Protest" und „Boykott" zwar etwas höher als unter den ostdeutschen Befragten. Allerdings erfährt in Ostdeutschland auch der Protest als emotionale Vergeltungsmaßnahme relativ starke Zustimmung. Das heißt: Protest, aber auch Boykott sind für immer mehr Deutsche als Sanktionsmaßnahmen gegenüber Unternehmen vorstellbar.

Allerdings ist die Protest- und Boykottbereitschaft in Deutschland differenziert zu sehen. Nicht jeder Anlaß motiviert in gleicher Weise zu diesen Sanktionsmaßnahmen:

Frage: „Unter welchen Umständen würden Sie am ehesten ein Unternehmen boykottieren?"

Antworten anhand einer vorgegebenen Liste mit Boykottgründen.

Rangfolge der wichtigsten Boykottgründe der deutschen Bevölkerung

1. Ein Unternehmen verwendet gesundheitsbeeinträchtigende Stoffe in der Produktion.
2. Ein Unternehmen ist in einen Umweltskandal verwickelt.
3. Ein Unternehmen ist in einen Bestechungsskandal verwickelt.
4. Ein Unternehmen hält Informationen zurück.
5. Ein Unternehmen ist bekannt für ein schlechtes Betriebsklima oder eine schlechte Mitarbeiterführung.
6. Ein Unternehmen ist bekannt für unsichere Arbeitsplätze.

Quelle: Hohenheimer Emotionalitätsstudie I

Daten: eigene Erhebung 1998

Grafik II.6.6: Ranking der Boykottanlässe für die deutsche Öffentlichkeit

Es sind insbesondere Vergehen gegenüber Gesundheit und Natur, die die Deutschen zu massiveren öffentlichen Sanktionsmaßnahmen veranlassen – eine logische Folge der neuen Dominanz dieser sehr emotional besetzten Werte in der deutschen Gesellschaft. Rein unternehmensbezogene Mißstände hingegen werden zwar seltener in ein öffentliches Sanktionskalkül gezogen, was sich allerdings je nach gesellschaftlicher Stimmungslage oder je nach Anlaß durchaus ändern kann.

Fazit: *Werden von Unternehmen die emotionalen und moralischen Ansprüche der Öffentlichkeit nicht erfüllt, ist mit Sanktionsbereitschaft in Form von Protest und Boykott zu rechnen.*

Das „offene Zeigen und Ausleben von Gefühlen" wird von einer Mehrheit der Deutschen als wichtig erachtet, und dies macht auch nicht vor einer emotionalen Mobilisierung gegenüber den Unternehmen halt. Wenn sich die deutsche Öffentlichkeit durch Unternehmenshandlungen brüskiert fühlt, ist das Protestpotential recht hoch; und auch vor generellen Unternehmensboykotten sind die Firmen – mehr noch in West- als in Ostdeutschland – heute nicht mehr sicher.

6.3. Protestbereitschaft gegenüber Unternehmen

Fakt ist, daß die öffentliche Protesthaltung gegenüber Unternehmen gestiegen ist. Interessant ist es daher zu untersuchen, welche konkreten Umstände zu Protestbereitschaft respektive Protestverhalten in der deutschen Öffentlichkeit führen.

Frage: „Wenn Unternehmen moralische Werte wie den Schutz der Umwelt oder Gesundheit vernachlässigen, sollte man öffentlich protestieren. Inwieweit stimmen Sie dieser Aussage zu?“

Antworten anhand einer Skala von 1 (stimme voll und ganz zu) bis 5 (stimme überhaupt nicht zu). Antwortmöglichkeiten 1 und 2 sind zusammengefaßt als „stimme zu“, Antwortmöglichkeit 3 entspricht „teils/teils“, sowie Antwortmöglichkeiten 4 und 5 sind zusammengefaßt als „stimme nicht zu“. Angaben in % der Bevölkerung.

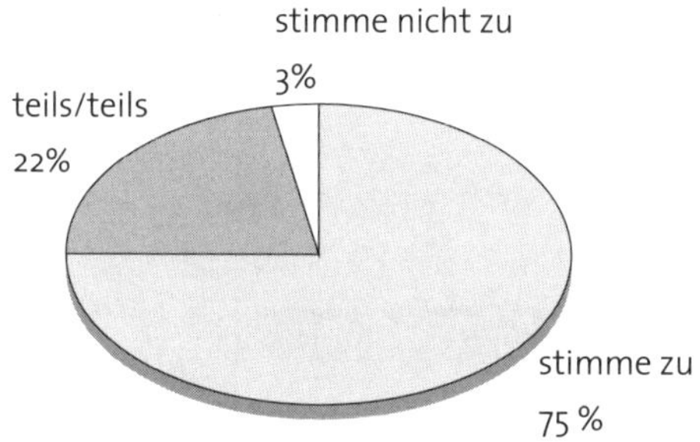

Quelle: Hohenheimer Emotionalitätsstudie I

Daten: eigene Erhebung 1998

Grafik II.6.7: Protestbereitschaft bei Vernachlässigung moralischer Werte

Die Vernachlässigung von Umwelt- oder Gesundheitswerten macht exemplarisch deutlich, daß das latente Protestpotential in Deutschland sehr hoch ist. Drei Viertel der Bevölkerung findet es richtig, bei Wertverletzungen öffentlich zu protestieren. Nur ein sehr kleiner Teil der Deutschen hegt überhaupt keine Protestabsicht. Das heißt: Auch wenn zu vermuten ist, daß die latente Proteststimmung niemals vollständig in ein aktives Protestverhalten umschlagen wird, zeichnet sich doch ein deutlich gestiegenes Unmutspotential in Deutschland ab – vor allem wenn emotionale Werte beschädigt werden.

Interessant wäre darüber hinaus zu erfahren, ob die latente Proteststimmung alle Bevölkerungsgruppen in gleicher Weise erfaßt hat. Oder konzentriert sich das Protestpotential mehrheitlich auf denjenigen Personenkreis, der ohnehin verstärkt seine Emotionen in der Öffentlichkeit auslebt, also auf die Verfechter einer eher emotionalen Lebenskultur – die sogenannten „Emotionalen"?

Frage: „Wenn Unternehmen moralische Werte wie den Schutz der Umwelt oder Gesundheit vernachlässigen, sollte man öffentlich protestieren. Inwieweit stimmen Sie dieser Aussage zu?"

Antworten anhand einer Skala von 1 (stimme voll und ganz zu) bis 5 (stimme überhaupt nicht zu). Antwortmöglichkeiten 1 und 2 sind zusammengefaßt als „stimme zu", Antwortmöglichkeit 3 entspricht „teils/teils", sowie Antwortmöglichkeiten 4 und 5 sind zusammengefaßt als „stimme nicht zu". Angaben in % der „Emotionalen" und der „Formalen".

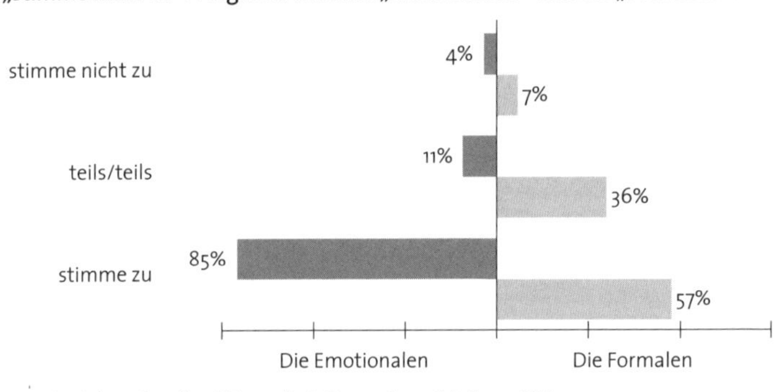

Quelle: Hohenheimer Emotionalitätsstudie I. Daten: eigene Erhebung 1998

Grafik II.6.8: Protestbereitschaft bei Vernachlässigung moralischer Werte: Vergleich „Emotionale" und „Formale"

Erwartungsgemäß wird das Protestpotential in Deutschland vor allem von jenen getragen, die sich ohnehin zu einem freieren Gefühlsausdruck bekennen (46% der Deutschen). Aber selbst bei den „Formalen" (18% aller Deutschen), die eher für eine Gefühlskontrolle plädieren, ist ebenfalls eine unterschwellige Emotionalisierung und Moralisierung gegenüber Unternehmen angelegt. Dies bedeutet: Protestbereitschaft gegenüber Unternehmen ist nicht ausschließlich eine Frage der Einstellung zur Artikulation von Gefühlen in der Öffentlichkeit, sondern eine Konsequenz der allgemein hohen Bedeutung moralischer Werte. Dies wird dadurch unterstrichen, daß auch alle anderen Bevölkerungsgruppen – Männer wie Frauen, alte wie junge Menschen, Ost- wie Westdeutsche – auf ein in etwa gleich hohes Protestpotential schließen lassen.

Fazit: *In Deutschland gibt es ein hohes, latentes Protestpotential gegenüber Unternehmen.*

In allen Bevölkerungsgruppen Deutschlands richtet sich das Protestpotential vor allem dann gegen Unternehmen, wenn diese ihrer gesellschaftlichen Verantwortung nicht nachkommen und moralische wie emotionale Werte verletzen.

6.4. Boykottbereitschaft bei Mißachtung öffentlicher Interessen

Insgesamt ist mit dem Anstieg der aggressiveren Temperatur im öffentlichen Leben Deutschlands nicht nur die Protestbereitschaft, sondern auch das Boykottpotential gestiegen (vgl. Teil I Kapitel 9). Dies vor allem aus zwei Gründen: Erstens weil der Anspruch auf Erfüllung emotionaler Bedürfnisse direkter und freier geäußert wird; und zweitens weil die Öffentlichkeit aggressiver reagiert, wenn ihre emotionalen Ansprüche nicht erfüllt werden.

Für die Unternehmen heißt dies, daß nicht nur mit einem latenten Protestpotential zu rechnen ist, sondern möglicherweise auch mit konkreteren Boykottreaktionen. Daher ist die Frage von Bedeutung, ob zwischen der Mißachtung öffentlicher Interessen durch die Unternehmen und der Boykottbereitschaft der Deutschen ein Zusammenhangs besteht.

Frage: „Firmen, die öffentliche Interessen ignorieren, indem sie z.B. den Umweltschutz nicht ernst nehmen, sollte man boykottieren. Inwieweit stimmen Sie dieser Aussage zu?"

Antworten anhand einer Skala von 1 (stimme voll und ganz zu) bis 5 (stimme überhaupt nicht zu). Antwortmöglichkeiten 1 und 2 sind zusammengefaßt als „stimme zu", Antwortmöglichkeit 3 entspricht „teils/teils", sowie Antwortmöglichkeiten 4 und 5 sind zusammengefaßt als „stimme nicht zu". Angaben in % der Bevölkerung.

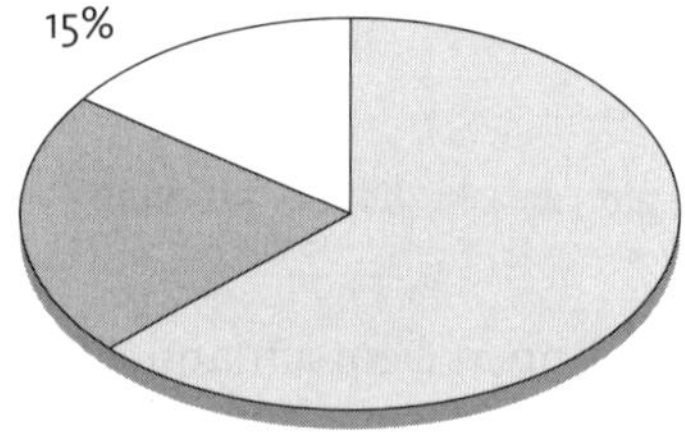

Quelle: Hohenheimer Emotionalitätsstudie I

Daten: eigene Erhebung 1998

Grafik II.6.9: Boykottbereitschaft bei Mißachtung öffentlicher Interessen

Werden vitale öffentliche Interessen mißachtet, wäre weit über die Hälfte der Deutschen bereit, den Unternehmen mit Boykott zu begegnen. Interpretiert man das knappe Viertel der Befragten, die mit „teils/teils" antworten, in der Weise, daß für sie ein Boykott zumindest bei bestimmten Interessenverletzungen vorstellbar wäre, so ergibt sich für Deutschland ein Boykottpotential von ca. 85% – ein Wert, der die Manager, Politiker und Kommunikationsverantwortlichen sehr nachdenklich stimmen müßte.

Interessant ist auch hier zu prüfen, ob sich die eher „emotionalen" Deutschen in ihrer Boykottbereitschaft von den „formalen" Deutschen unterscheiden; entsprechende Befunde würden eine Aussage darüber erlauben, wie nachhaltig das Boykottpotential inzwischen in Deutschland verankert ist.

Frage: „Firmen, die öffentliche Interessen ignorieren, in dem sie z.B. den Umweltschutz nicht ernst nehmen, sollte man boykottieren. Inwieweit stimmen Sie dieser Aussage zu?"

Antworten anhand einer Skala von 1 (stimme voll und ganz zu) bis 5 (stimme überhaupt nicht zu). Antwortmöglichkeiten 1 und 2 sind zusammengefaßt als „stimme zu", Antwortmöglichkeit 3 entspricht „teils/teils", sowie Antwortmöglichkeiten 4 und 5 sind zusammengefaßt als „stimme nicht zu".

Angaben in % der „Emotionalen" und der „Formalen".

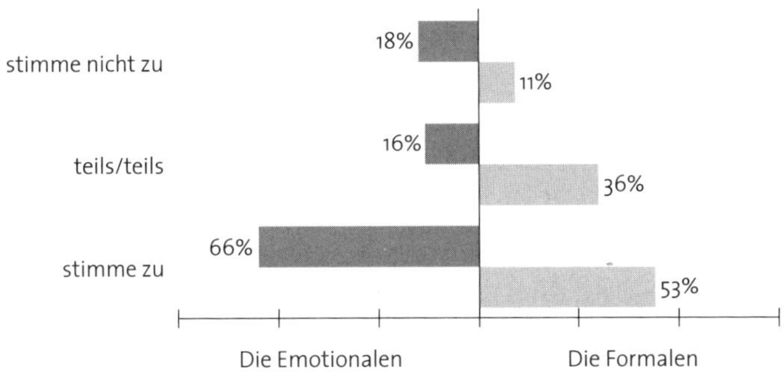

Quelle: Hohenheimer Emotionalitätsstudie I

Daten: eigene Erhebung 1998

Grafik II.6.10: Boykottbereitschaft bei Mißachtung öffentlicher Interessen: Vergleich „Emotionale" und „Formale"

Die Boykottbereitschaft ist bei denjenigen Befragten, die eher dazu neigen, ihre Emotionen in der Öffentlichkeit offen zu artikulieren, besonders hoch ausgeprägt. Aber auch bei den eher „formalen" Deutschen, die durch strikte Gefühlskontrolle gekennzeichnet sind, liegt das Boykottpotential bei immerhin 53%. Die Konsequenz liegt auf der Hand: Auch bei den eher selbstdiszipliniert und selbstkontrolliert reagierenden Deutschen ist ein nicht zu unterschätzendes Boykottpotential angelegt. Die Boykottidee ist demnach nicht nur bei Menschen verankert, die ohnehin eher emotional reagieren, sondern ergreift – je nach Anlaß – durchaus auch vernunftorientierte Personen.

Fazit: *Bei Mißachtung vitaler öffentlicher Interessen ist die Boykottbereitschaft der Deutschen gegenüber Unternehmen relativ hoch.*

Dies bedeutet: Weit über die Hälfte der deutschen Bevölkerung wäre imstande, mit aktivem Boykott zu reagieren, wenn ihre Interessen und Hintergrundüberzeugungen seitens der Unternehmen nicht geachtet oder gewahrt werden. Unternehmen treten heute einer Öffentlichkeit gegenüber, in der das Stimmungsbild bei moralischen und emotionalen Unachtsamkeiten unmittelbar umschlagen kann.

6.5. Boykottbereitschaft bei Umweltskandalen und Gesundheitsgefährdungen durch die Unternehmen

Natur und Umwelt stehen auf der deutschen Werterangliste zusammen mit dem Wert „Gesundheit" weit oben. Sie haben eine überragende Bedeutung und entpuppen sich als wichtige Kernaspekte der neuen Emotionalität (vgl. Teil I Kapitel 8.). Deshalb soll der Frage nachgegangen werden, ob Umweltskandale bzw. Gesundheitsgefährdungen explizit zur Boykottbereitschaft in der deutschen Öffentlichkeit führen.

Frage: „Unternehmen, die in einen Umweltskandal verwickelt sind, sollte man boykottieren. Inwieweit stimmen Sie dieser Aussage zu?“

Antworten anhand einer Skala von 1 (stimme voll und ganz zu) bis 5 (stimme überhaupt nicht zu). Antwortmöglichkeiten 1 und 2 sind zusammengefaßt als „stimme zu“, Antwortmöglichkeit 3 entspricht „teils/teils“, sowie Antwortmöglichkeiten 4 und 5 sind zusammengefaßt als „stimme nicht zu“.

Angaben in % der Bevölkerung.

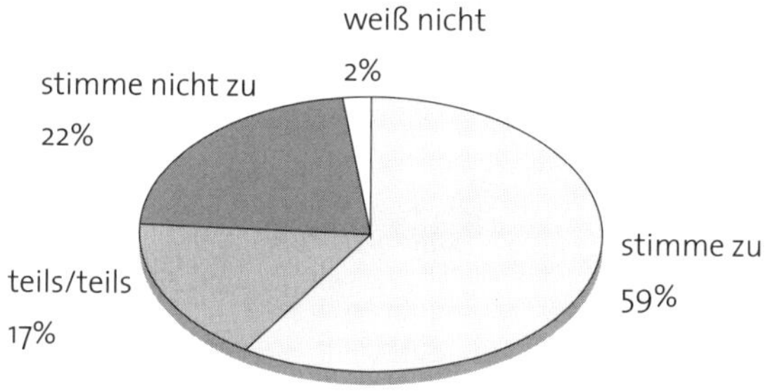

Quelle: Hohenheimer Emotionalitätsstudie II

Daten: EMNID 1998

Grafik II.6.11: Boykottbereitschaft bei Umweltskandalen

Fast 60% der deutschen Bevölkerung votieren dafür, nachlässige Verantwortung für den Schutz der Umwelt sowie Verletzungen der Natur mit einem Unternehmensembargo zu ahnden. Allerdings reicht für ein knappes Viertel der Deutschen ein durch ein Unternehmen verursachter „Umweltskandal“ für einen Unternehmensboykott nicht aus. Insofern ist die Boykottbereitschaft der Deutschen im Falle von Umweltverletzungen niedriger als bei Mißachtung allgemeiner öffentlicher Interessen seitens der Unternehmen.

Bemerkenswert ist darüber hinaus, daß die generelle Boykottbereitschaft bei massiven Umweltstörungen zwischen den Geschlechtern deutlich variiert:

Frage: „Unternehmen, die in einen Umweltskandal verwickelt sind, sollte man boykottieren. Inwieweit stimmen Sie dieser Aussage zu?“

Antworten anhand einer Skala von 1 (stimme voll und ganz zu) bis 5 (stimme überhaupt nicht zu). Antwortmöglichkeiten 1 und 2 sind zusammengefaßt als „stimme zu“, Antwortmöglichkeit 3 entspricht „teils/teils“, sowie Antwortmöglichkeiten 4 und 5 sind zusammengefaßt als „stimme nicht zu“.

Angaben in % der Bevölkerung. Zu 100 fehlende %: „Weiß nicht“.

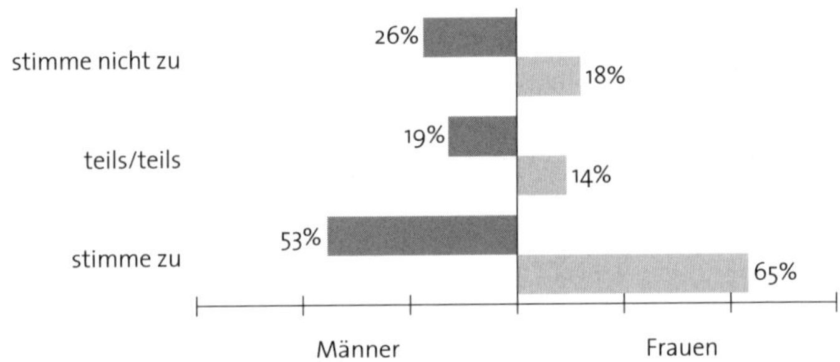

Quelle: Hohenheimer Emotionalitätsstudie II

Daten: EMNID 1998

Grafik II.6.12: Boykottbereitschaft bei Umweltskandalen: Geschlechtervergleich

Werden Umweltwerte durch ein Unternehmen verletzt, reagieren besonders die deutschen Frauen empfindlich. Bei ihnen ist mit einem höheren Boykottpotential zu rechnen als bei den Männern.

Absolute Priorität unter allen Boykottmotiven hat etwa für die Hälfte der Deutschen die „Gesundheitsgefährdung“ (vgl. Teil II Kapitel 6.2.). Konsequenz: Die Deutschen reagieren besonders sensibel und hoch emotional, wenn das Gut Gesundheit durch Unternehmen gefährdet wird. Die öffentliche Sanktionsbereitschaft gegenüber Unternehmen, die gesundheitsbeeinträchtigender Produkte oder Produktionen überführt werden, ist sehr hoch und übersteigt sogar noch die Zustimmungsquote gegenüber einem Boykott bei allgemeiner Mißachtung öffentlicher Interessen und bei Umweltskandalen.

Die Boykottbereitschaft gegenüber Unternehmen bei einer Vernachlässigung gesundheitlicher Werte ist über alle Bevölkerungsteile gleich gestreut: Männer wie Frauen, alte wie junge Menschen werden in diesem Fall ihrer Mißbilligung unmittelbar Ausdruck verleihen. Interessant ist in diesem Zusammenhang auch der Vergleich zwischen den Repräsentanten einer „emotionalen" und den Verfechtern einer „formalen" Lebenskultur: Die eher „formalen", betont gefühlskontrollierten Deutschen ziehen erstaunlicherweise eher als die „emotionalen" Deutschen einen Unternehmensboykott in ernsthafte Erwägung, wenn sie ihre Gesundheit durch ein Unternehmen gefährdet sehen. 54% der „formalen" Befragten setzen eine die Gesundheit gefährdende Produktion auf Platz eins in einem Ranking der Boykottmotive. Die eher „gefühlsorientierten" Deutschen tun dies dagegen „nur" zu 48%; sie geben den Umweltverletzungen eine höhere Priorität als Boykottanlaß.

Fazit: *Der Umgang mit der Natur und der Umwelt ist den Deutschen heilig. Entsprechend ist die Boykottbereitschaft bei Verletzung dieses „sakralen Gegenstandes" relativ hoch. Und kommt ein Unternehmen der strengen Gesundheitsorientierung der Deutschen nicht nach oder verletzt ein Unternehmen gar die allgemeinen Gesundheitsstandards, so wird es künftig in der Öffentlichkeit auf kräftigen Widerstand stoßen.*

Ein Unternehmen, das die öffentliche Wertschätzung der Natur unterschätzt, wird nicht nur an Reputation verlieren, sondern muß auch mit öffentlichen Boykottmaßnahmen rechnen: vor allem bei Frauen und den „emotionalen" Trendsettern in der deutschen Gesellschaft. Nachhaltige Umweltpolitik und insbesondere Respekt gegenüber allen Gesundheitswerten spielen für die Akzeptanz von Unternehmen eine wachsende Rolle. Sowohl Protest als auch Boykott sind inzwischen in Deutschland offenbar durchaus gängige Sanktionsformen.

---

7. Öffentliche Aggressivität

Marcus Uhlich

Die Bereitschaft der Öffentlichkeit, zu relativ drastischen emotionalen Sanktionsmaßnahmen wie Boykotts oder Protesten zu greifen, um an das „gesellschaftliche und moralische Gewissen“ der Unternehmen zu appellieren, bildet nur ein Kernstück des neuen emotionalen Profils der Deutschen. Nicht weniger erstaunlich ist daneben auch das ungewöhnlich hohe Potential an latenter Aggressivität, die sich gegen die herrschenden gesellschaftlichen Institutionen zu richten vermag. Die Deutschen akzeptieren vermehrt einen aggressiven Umgangston in der Durchsetzung öffentlicher Interessen.

Frage: „Haben Sie Verständnis dafür, daß Menschen auch aggressiv in der Öffentlichkeit auf ihre gemeinsame Notlage aufmerksam machen?“

Antworten anhand einer Skala von 1 (habe volles Verständnis) bis 5 (habe keinerlei Verständnis). Antwortmöglichkeiten 1 und 2 sind zusammengefaßt als „ich habe Verständnis“, Antwortmöglichkeit 3 entspricht „teils/teils“, sowie Antwortmöglichkeiten 4 und 5 sind zusammengefaßt als „ich habe kein Verständnis“. Angaben in % der Bevölkerung.

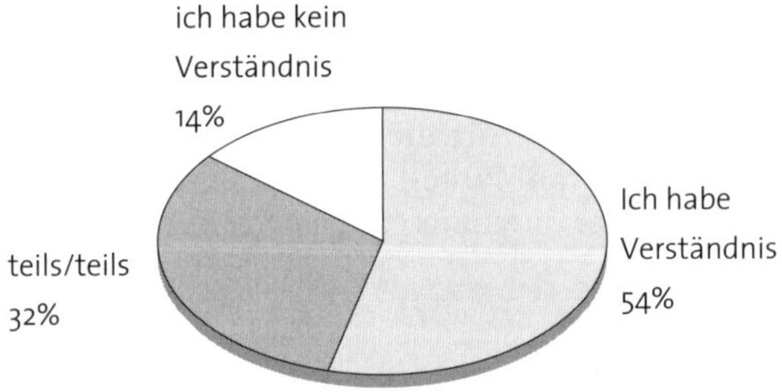

Quelle: Hohenheimer Emotionalitätsstudie I

Daten: eigene Erhebung 1998

Grafik II.7.1: Öffentliche Aggressionen bei gemeinsamen Notlagen

Über die Hälfte der Deutschen zeigt Verständnis dafür, daß Menschen – beispielsweise im Falle von Arbeitslosigkeit – öffentlich aggressiv auftreten, um auf ihre gemeinsame Zwangslage aufmerksam zu machen. Lediglich eine bescheidene Minderheit in Ost und West zeigt sich distanziert gegenüber der Wahl eskalierender Mittel im Repertoire öffentlicher Ausdrucksformen.

Konsequenz: Traditionelle Dialognormen in der Durchsetzung von Interessen gelten nicht mehr uneingeschränkt. Je nach Notlage finden inzwischen auch drastischere Oppositionsformen breite Resonanz. Vielfältige Eindrücke von Protestaktionen in den vergangenen 30 Jahren lassen sich offenbar als Lernprozesse interpretieren. Sie schlagen sich heute als aggressive Erfahrungen nieder, auf die die deutsche Öffentlichkeit vermehrt in ihren Auftretensstrategien zurückgreift.

Interessant ist daher zu erfahren, welche typischen Protestreaktionen oder aber Resignationstendenzen durch regelwidrige Unternehmenshandlungen ausgelöst werden:

- Welche Gedanken gehen den Deutschen als erstes durch den Kopf, sobald sie erfahren, daß ein Unternehmen in einen Umweltskandal verwickelt ist?
- Inwieweit halten die Deutschen Aggressivität in der Auseinandersetzung mit Wirtschaftsunternehmen für gerechtfertigt?

7.1. Aggressivität bei einem Umweltskandal

Aufschluß über das mögliche Verhaltensrepertoire der Deutschen könnte insbesondere das Spektrum jener Reaktionen geben, die ein Umweltskandal provoziert:

Frage: „Einem großen Ölkonzern entweicht auf einer Ölplattform in der Nordsee eine beträchtliche Menge Öl. Dies führt zu einer erheblichen Verschmutzung des Wattenmeeres. Was geht Ihnen als erstes durch den Kopf?"

Antworten anhand vorgelegter Vorgaben oder freie Äußerung. Eine Nennung war möglich. Angaben in % der Bevölkerung in folgenden Kategorien zusammengefaßt: „aggressive Reaktionen" (z.B.: „Man müßte öffentlich gegen den Konzern protestieren."), „emotionale Reaktionen" (z.B.: „Ich habe Mitleid mit der zerstörten Tier- und Pflanzenwelt.") und „rationale Reaktionen" (z.B.: „Das sind die normalen Kosten, die die Industriegesellschaft für ihren Wohlstand bezahlt.").

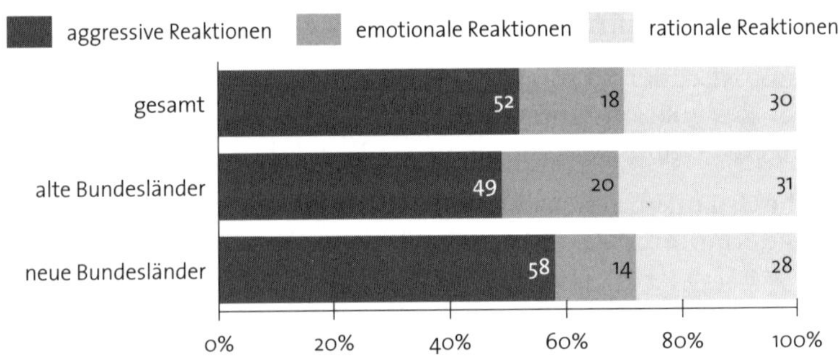

Quelle: Hohenheimer Emotionalitätsstudie I

Daten: eigene Erhebung 1998

Grafik II.7.2: Latente Reaktionen der Bevölkerung bei Umwelttragödie

Umweltskandale werden nach wie vor als massive Eingriffe in einen als „sakral" empfundenen Lebensbereich gedeutet. Die große Mehrheit der Deutschen gibt an, im ersten Moment unmittelbar emotional bewegt bis zornig zu reagieren. Die meisten Befragten verspüren aggressive Gedanken. Eine eher emotionslose, rationale Haltung kennzeichnet dagegen lediglich ein Drittel der Bevölkerung.

Die Deutschen haben sich somit noch längst nicht mit unternehmerischen Fehltritten solcher Art abgefunden. Im Gegenteil: Die Verletzung der natürlichen Umwelt verletzt unmittelbar die Gefühle der Bevölkerung und sorgt für das Aufkeimen latenter aggressiver Empörung.

Interessanterweise variiert die Haltung von Ost- und Westdeutschen in diesem Punkt: Die Befragten in den neuen Bundesländern entwickeln eine deutlich aggressivere Assoziation im Zusammenhang mit Umweltverletzungen. Während im Westen 49% der Befragten zugeben, im ersten Augenblick der erfahrenen Nachricht über unternehmerische Umweltsünden aggressiv-emotionale Gedanken zu hegen, räumen dies sogar 58% der Landsleute im Osten Deutschlands ein.

Fazit: *Zumindest latent reagieren die Deutschen in ihrer Mehrheit sehr empfindlich bis aggressiv, sobald ihre natürliche Umwelt durch unternehmerische Einflüsse nachhaltig beschädigt wird.*

Derartige Wertverletzungen werden offenbar auch nicht durch einen möglichen Bonus für sonstige Leistungen eines Unternehmens kompensiert.

7.2. Aggressivitätspotential gegen Unternehmen

Von besonderer Bedeutung für das neue emotionale Profil der Deutschen ist die Frage nach dem Verständnis öffentlicher Aggressionen gegenüber einem Unternehmen:

Frage: „Haben Sie Verständnis, wenn jemand in der Öffentlichkeit aggressiv reagiert, wenn ein Unternehmen die Öffentlichkeit brüskiert/vor den Kopf stößt?"

Antworten anhand einer Skala von 1 (habe großes Verständnis) bis 5 (habe gar kein Verständnis). Antwortmöglichkeiten 1 und 2 sind zusammengefaßt als „ich habe Verständnis", Antwortmöglichkeit 3 entspricht „teils/teils", sowie Antwortmöglichkeiten 4 und 5 sind zusammengefaßt als „ich habe kein Verständnis".

Angaben in % der Bevölkerung.

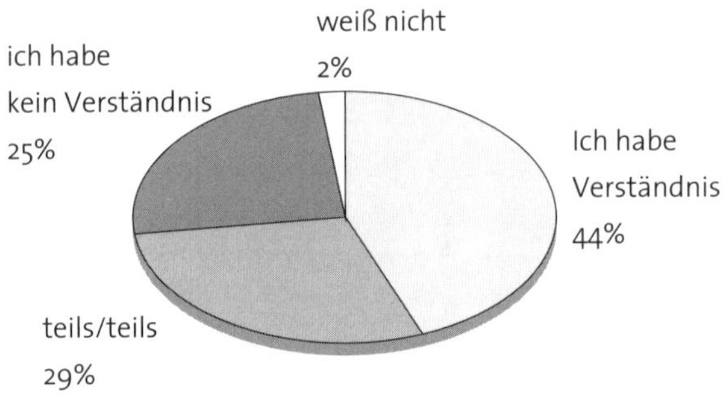

Quelle: Hohenheimer Emotionalitätsstudie I

Daten: eigene Erhebung 1998

Grafik II.7.3: Öffentliche Aggressionen gegen Unternehmen

Knapp die Hälfte der Deutschen zeigt Verständnis für eine aggressivere Reaktion falls ein Unternehmen die Öffentlichkeit mit unmoralischem Verhalten vor den Kopf stößt. Lediglich ein Viertel der Befragten in den alten und neuen Bundesländern zeigt kein Verständnis, moralische Regelverstöße der Unternehmen mit aggressiven Reaktionen zu ahnden.

Nicht minder interessant sind auch die Befunde zur Breite des Reaktionsspektrums. So würden von jenen Deutschen, die entweder ganz oder zumindest teilweise Verständnis für aggressive Reaktionen hegen, immerhin ein Anteil von ca. 8% sogar eine regel- oder normwidrige Protestform (wie etwa Fensterscheiben einschlagen) in Erwägung ziehen. Weitere 32% stufen ihr Verständnis für aggressive Ausdrucksformen in der Mitte einer gedachten Aggressionsskala ein, d.h. sie hätten Verständnis für aktive, aber regelkonforme Protestaktionen wie etwa Demonstrationen. Die überwiegende Mehrheit von etwa 60% der Deutschen würde sich allerdings mit öffentlichen Aktionen zurückhalten. Sie würde allenfalls Unmutsäußerungen etwa in Form eines Leserbriefes in der örtlichen Presse akzeptieren. Insgesamt liegt der Reaktionsschwerpunkt der Deutschen auf Brüskierungen von Unternehmen eher im Bereich der verbalen Angriffslust – das Potential an latenter Aggression, das sich darin verbirgt, ist jedoch nicht zu unterschätzen.

Fazit: *Die direkte Entladung von Aggressionen gegen Unternehmen wird in Deutschland vermehrt akzeptiert.*

Institutionen, die in besonderem Maße gesellschaftliche Verantwortung wahrnehmen, können sich nicht länger auf eine stets selbstdisziplinierte Öffentlichkeit verlassen, die für moralische Fehlleistungen Verständnis aufbringt. Obgleich extreme Ausdrucksformen von Aggressionen lediglich bei einer kleinen Minderheit der Deutschen auf Akzeptanz stoßen, finden regelkonforme Aggressionen durchaus Verständnis.

---

8. Bedeutung der Medien für die öffentliche Emotionalität

Marcus Uhlich

Die deutsche Medienlandschaft ist gekennzeichnet durch ein breites Angebot an emotional angereicherten Formaten. Daher ist es interessant zu erfahren, welche Bedeutung die Medien für die neue emotionale Stimmungslage der Deutschen haben:

- Wie wirken Medien auf die Emotionalität der Menschen?
- Inwieweit tragen Medien zu einem ereignisbezogenen Gemeinschaftsgefühl bei?
- Welchen Beitrag leisten Medien für die Entstehung eines Protest- bzw. Aggressionsklimas gegenüber Unternehmen?

8.1. Bedeutung der Medien für die Gefühlserfahrung

Medien üben offenbar auf unterschiedliche Weise Einfluß auf ihre Rezipienten aus:

Frage: „Die Medien (z.B. die Zeitungen, das Fernsehen) zeichnen sich ja auf der einen Seite durch sachliche Berichterstattung, aber auf der anderen Seite auch durch hohe Gefühlsbetonung (z.B. Betroffenheit, Begeisterung) aus. Werden Sie persönlich von den Medien auch auf eine gefühlsbetonte Weise angesprochen?"

Antworten anhand einer Skala von 1 (gefühlsmäßig sehr angesprochen) bis 5 (überhaupt nicht gefühlsmäßig angesprochen). Antwortmöglichkeiten 1 und 2 sind zusammengefaßt als „ich werde gefühlsmäßig von den Medien angesprochen", Antwortmöglichkeit 3 entspricht „teils/teils", sowie Antwortmöglichkeiten 4 und 5 sind zusammengefaßt als „ich werde nicht gefühlsmäßig von den Medien angesprochen". Angaben in % der Bevölkerung.

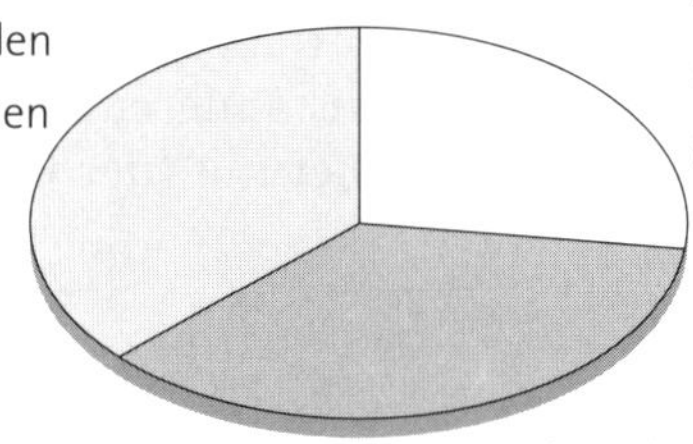

Quelle: Hohenheimer Emotionalitätsstudie I

Daten: eigene Erhebung 1998

Grafik II.8.1: Gefühlserfahrung durch Medien

Der Einfluß der Medien scheint ambivalent. Rein informationstechnische Gesichtspunkte sowie gefühlsmäßige Wirkungen halten sich offenbar die Waage. Knapp ein Drittel der Befragten gibt an, von den Medien hauptsächlich auf der Ebene der Gefühle angesprochen zu werden. Dagegen bekunden ca. 37% der Deutschen, daß für sie ausschließlich der inhaltliche Informationsaspekt zählt. Charakteristisch für den Einfluß der Medien scheint daher jenes gute Drittel der Deutschen zu sein, die eine Doppelwirkung der Medien bekunden: Sachliches Informationsbedürfnis und gefühlsmäßige Ansprache gehen Hand in Hand.

Die Medienwirkung variiert je nach Geschlecht. Frauen zeigen sich eher von Medien emotional angesprochen als Männer. Auf einer Skala von 1 bis 5, die eine Abstufung von starker Gefühlserfahrung durch Medien bis keinerlei Gefühlserfahrung repräsentiert, liegt der Wert der Frauen bei 2,93, der Wert der Männer dagegen bei 3,46. Offenbar reagieren Frauen tendenziell eher mit Gefühlen auf Medieninhalte, während Männer ihrem Selbstbild entsprechend Medien eher aus dem Blickwinkel einer gewissen emotionalen Distanz betrachten.

Fazit: *Eine direkte und stetige Übertragung von Emotionen vermögen die Medien nicht grundsätzlich zu leisten.*

Doch gibt es offenbar in Deutschland ein sehr großes Potential an Mediennutzern, die in gewissen Situationen, z. B. bei Umweltkatastrophen oder Krisenereignissen, gefühlsorientiert von Medien angesprochen werden. Medien sind also durchaus imstande, einen Beitrag für eine medial-inszenierte „emotionale Mobilisierung" der Öffentlichkeit zu leisten.

8.2. Die Bedeutung der Medien für Gemeinschaftserlebnisse

Für die Analyse des öffentlichen Emotionsklimas in Deutschland ist es von großer Bedeutung, den Stellenwert von Gemeinschaftsbindungen bzw. Gemeinschaftsgefühlen zu erfassen:

Frage: „Bitte sagen Sie mir, wie Sie persönlich das Ereignis einer nationalen Tragödie oder Katastrophe (z.B. Zugunglück in Eschede, Oder-Hochwasser) erleben. Fühlen Sie sich dabei eher als Teil einer gefühlsmäßigen Gemeinschaft, oder stehen Sie diesem Ereignis eher gleichgültig gegenüber?"

Antworten anhand einer Skala von 1 (eher gleichgültig) bis 5 (eher als Teil einer gefühlsmäßigen Gemeinschaft). Antwortmöglichkeiten 1 und 2 sind zusammengefaßt als „ein solches Ereignis ist mir gleichgültig", Antwortmöglichkeit 3 entspricht „teils/teils", sowie Antwortmöglichkeiten 4 und 5 sind zusammengefaßt als „bei einem solchen Ereignis fühle ich mich mit meinen Mitmenschen gemeinschaftlich verbunden".

Angaben in % der Bevölkerung.

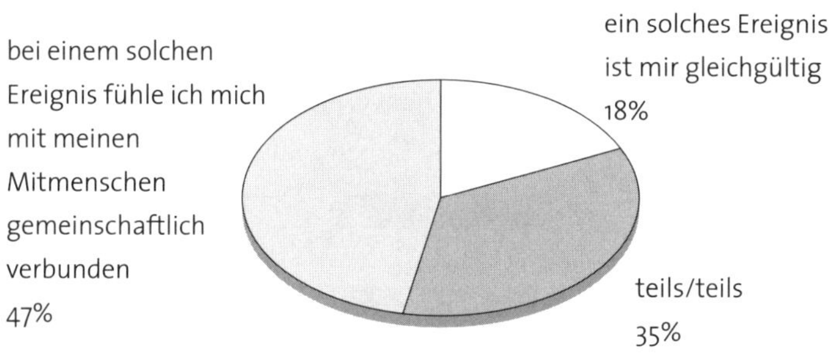

Quelle: Hohenheimer Emotionalitätsstudie I

Daten: eigene Erhebung 1998

Grafik II.8.2: Gemeinschaftsgefühl im Falle einer Katastrophe

Die große Mehrheit der Deutschen empfindet anläßlich einer ernsthaften Katastrophe starke Verbundenheitsgefühle. Solidarische Empfindungen sind damit ein wichtiger Bestandteil des öffentlichen Klimas. Strikter Individualismus und die Konzentration auf das persönliche Wohlergehen werden zumindest in Sonderfällen von Gemeinschaftsempfindungen in Schach gehalten. In diesem Zusammenhang zeigt sich, daß die Medien einen wichtigen Beitrag für kollektive Emotionalitätsschübe leisten. Denn zwischen denen, die auf Medien emotional sensibel reagieren und denjenigen, die anläßlich von Tragödien solidarische Empfindungen ausdrücken, gibt es erstaunliche Parallelen. Die Wahrnehmung gesellschaftlicher Ereignisse über Medien haben in dieser Bevölkerungsgruppe verbundenheitsmobilisierende Effekte. Medienwirkungen und Gemeinschaftsempfindungen hängen offenbar eng zusammen.

Frage: „Ich nenne Ihnen jetzt einige Ereignisse. Bitte sagen Sie mir, wie Sie persönlich diese Ereignisse erleben. Fühlen Sie sich dabei eher als Teil einer gefühlsmäßigen Gemeinschaft, oder stehen Sie ihnen eher gleichgültig gegenüber?"

Antworten anhand einer Skala von 1 (eher gleichgültig) bis 5 (eher als Teil einer gefühlsmäßigen Gemeinschaft).

Angaben in % von „emotionalen" und „formalen" Medienkonsumenten, die bei diesen Ereignissen ein Gemeinschaftsgefühl entwickeln (Antwortmöglichkeiten 4 und 5 zusammengefaßt; Antwortmöglichkeiten 1 bis 3 sind nicht dargestellt).

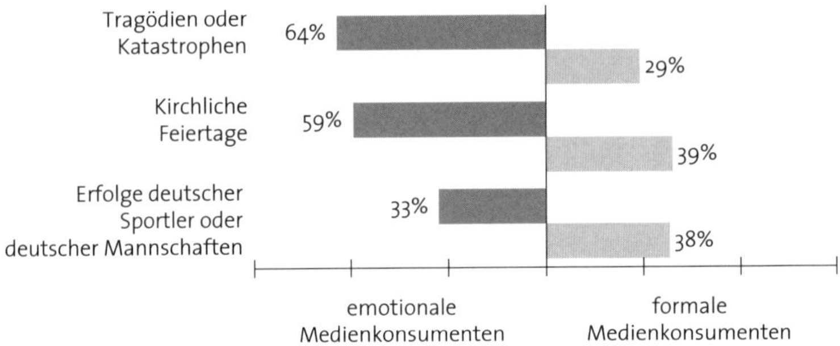

Quelle: Hohenheimer Emotionalitätsstudie I

Daten: eigene Erhebung 1998

Grafik II.8.3: Gemeinschaftsgefühl der Deutschen: Vergleich „emotionale" und „formale" Medienkonsumenten

Fazit: *Medien und die Bildung eines gewissen Gemeinschaftsgefühls hängen offenbar zusammen.*

Zumindest anläßlich der „high holidays“ medieninszenierter Ereignisse kommt es zu einem Schub kollektiver Empfindungen. Dann steuern Medien nicht unerheblich zu einem öffentlichen Emotionsklima bei, das einen fruchtbaren Nährboden für Gemeinschaftsgefühle bildet.

8.3. Bedeutung der Medien für das öffentliche Protestpotential und die öffentliche Aggressivität gegenüber Unternehmen

Von abschließendem Interesse ist, welchen Beitrag die Medien für ein latent aggressiveres Klima in der Öffentlichkeit leisten.

Frage: „Wenn Unternehmen moralische Werte wie den Schutz der Umwelt oder Gesundheit vernachlässigen, sollte man öffentlich protestieren. Bitte geben Sie an, inwieweit Sie dieser Meinung zustimmen."

Antworten anhand einer Skala von 1 (stimme voll und ganz zu) bis 5 (stimme überhaupt nicht zu).

Frage: „Haben Sie Verständnis, wenn jemand in der Öffentlichkeit aggressiv reagiert, wenn ein Unternehmen die Öffentlichkeit brüskiert/vor den Kopf stößt?"

Antworten anhand einer Skala von 1 (habe großes Verständnis) bis 5 (habe gar kein Verständnis).

Angaben in % von „emotionalen" und „formalen" Medienkonsumenten, die ihre Zustimmung bzw. ihr Verständnis zu obigen Fragen äußerten (Antwortmöglichkeiten 1 und 2 zusammengefaßt; Antwortmöglichkeiten 3 bis 5 sind nicht dargestellt).

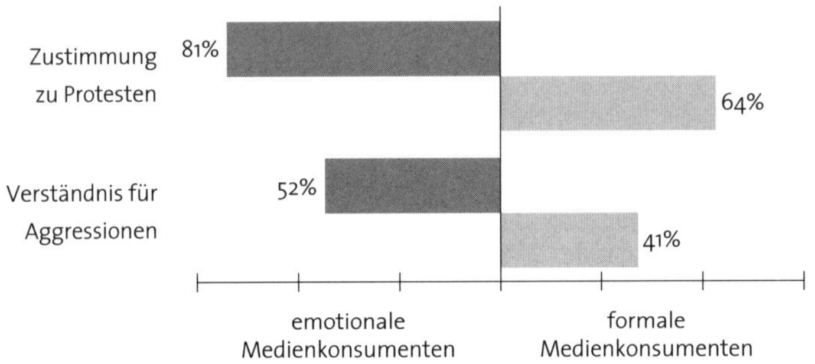

Quelle: Hohenheimer Emotionalitätsstudie I

Daten: eigene Erhebung 1998

Grafik II.8.4: Protest- und Aggressionspotential gegen Unternehmen: Vergleich „emotionale" und „formale" Medienkonsumenten

Jener Teil der Deutschen, die sich durch Medien gefühlsmäßig ansprechen lassen (dies sind etwa 27% der Bevölkerung), akzeptiert eher aggressive öffentliche Reaktionen als die sogenannten formalen Medienkonsumenten. Brüskierende Handlungen von Unternehmen stoßen bei ihnen auf vehementeren Widerspruch. Doch dies ist nur die eine Seite der Medaille. Eine aggressive Grundströmumg findet sich genauso unter jenen Mediennutzern, die der sachlich-informativen Berichtsseite den Vorzug geben, wenn auch nicht in gleichem Maße. Medien steuern also nur sehr begrenzt in ursächlicher Weise zu einem aggressiveren Klima bei, falls sich Unternehmen gravierender Wertverletzungen schuldig machen sollten. Die vermutete Wirkung von Medien in Krisensituationen wird möglicherweise überschätzt. Die Quelle der Aggressivität liegt tiefer. Sie ist offenbar Kennzeichen eines veränderten emotionalen Selbstverständnisses der Deutschen.

Fazit: *Eine aggressive öffentliche Stimmungslage anläßlich von Wertverletzungen und die Berichterstattung von Medien hängen nicht unmittelbar zusammen.*

Das Protest- bzw. Aggressionsklima, welches Unternehmen anläßlich moralischer Fehlleistungen oder Wertverletzungen entgegenschlagen kann, läßt sich nicht unmittelbar einer geschickten Medieninszenierung zuschreiben. Die emotional gefärbte Sanktionsbereitschaft der Öffentlichkeit bildet inzwischen ein tiefer verankertes Charakteristikum im neuen Profil der Deutschen.

---

9. Zusammenfassung der Ergebnisse

Aus der empirischen Bestandsaufnahme zum neuen emotionalen Profil der Deutschen lassen sich acht Kernthesen formulieren:

1. Über alle Bevölkerungsgruppen hinweg erreicht der emotionale Lebensstil ein relativ hohes Verbreitungsniveau. Die Emotionalität gewinnt gegenüber einer vernunftbetonten und selbstkontrollierten Lebensform deutlich an Wertschätzung.
2. Die Öffentlichkeit richtet vermehrt emotionale Ansprüche an Unternehmen. Das Bedürfnis nach emotionaler Dekoration wird zunehmend auch an die Unternehmenskommunikation adressiert.
3. Die öffentlichen Erwartungen sind zu einem nicht unerheblichen Teil auf eine Personalisierung der Managementebene gerichtet. Eingefordert werden ein stärker emotional gefärbter Kommunikationsstil, emotionale Entscheidungskompetenz und zunehmend auch öffentliche Prominenz der Unternehmensleiter.
4. „Gesellschaftliche Verantwortung" ist der herausragende Schlüsselfaktor, über den das emotionale Profil eines Unternehmen von der Öffentlichkeit bewertet wird. Die gestiegenen Ansprüche an den gesellschaftlichen Beitrag der Unternehmen gehen einher mit der Einforderung moralischer Verantwortung und Glaubwürdigkeit.
5. Das Vertrauen der Deutschen gegenüber Unternehmen ist nachhaltig gestört.
6. Die emotionale Mobilisierungskraft der Deutschen wendet sich auch gegen Unternehmen: Es existiert eine zunehmende öffentliche Sanktionsbereitschaft sowie ein wachsendes Protest- und Boykottpotential bei Wert- und Interessenverletzungen durch die Unternehmen.
7. Aggressivität gehört mittlerweile zum selbstverständlichen Verhaltensrepertoire der Deutschen. Das latente Aggressionspotential richtet sich auch gegen die Wirtschaft, wenn sie ihrer gesellschaftlichen Verantwortung nicht nachkommt.

8. An der „kollektiven" Emotionalisierung der deutschen Öffentlichkeit haben auch die Medien einen gewissen Einfluß. Es existiert ein gewisses Potential inszenierbarer Gefühlsmobilisierung mittels der Medien. Allerdings ist die Wirkung der Medien auf ein aggressives Klima der Öffentlichkeit im Falle der Verletzung vitaler Interessen nur beschränkt.

Teil III

Die Konsequenzen – Rückwirkungen der neuen Emotionalität auf die Unternehmenskommunikation

Um Folgen und Risiken der neuen Emotionalität in Deutschland für die Unternehmenskommunikation beurteilen zu können, ist es wichtig, an einige Aspekte zu erinnern:

1. Die Unternehmenskommunikation findet in einem gesellschaftlichen Umfeld statt und wird von dessen Entwicklung maßgeblich beeinflußt. Wir erleben in Deutschland eine zunehmende Moralisierung bzw. Wertsensibilisierung unternehmerischen Handelns. Spektakuläre Fälle wie die umstrittene Entsorgung der Brent-Spar Bohrinsel zeigen, daß Wertansprüche der Öffentlichkeit und Ökonomie offenbar enger zusammenhängen als meist angenommen wird. Die nicht-kommerziellen Faktoren gewinnen rasch an Bedeutung. Sie nötigen die Unternehmen stärker als früher, den Wertkodex der Gesellschaft in ihre Dispositionen einzubeziehen. Ziele der einseitigen Interessendurchsetzung gegenüber der Öffentlichkeit können nicht mehr ohne weiteres verfolgt werden. Die Wünsche nach Akzeptanz und öffentlicher Reputation halten sie vermehrt in Schach. Sie immunisieren die Werte des share-holder-value gegen die ihnen auch innewohnenden lebenswertfeindlichen Tendenzen.
2. Deutschland ist nicht frei von Erscheinungen „frei vagabundierender Emotionen". Sie sind nicht ohne weiteres steuerbar, planbar und damit für die Unternehmen berechenbar. Die Abkehr von emotionalbindenden Ideen hat sich recht gründlich vollzogen.

   Müssen daher die Unternehmen in Zukunft mit Phänomenen emotional übersteigerter Kritik rechnen? Die bisherigen Erfahrungen lassen solch generalisierende Statements nicht zu. Zwar herrscht ein Mangel an institutioneller Bindung von Gefühlen, trotzdem lassen sich keine Anzeichen für eine generell emotional untermauerte Protestdisposition gegenüber Unternehmen ausmachen. So richtig die Defizitdiagnose ist, so berechtigt emotionale Sensibilität etwa gegen Umweltschäden aus Sicht der Öffentlichkeit erscheint, so verständlich Ärger, Zorn, Unmut, manchmal auch Aggressionen gegenüber „Wertübertretungen" von Managern sind – Deutschland ist im Kern nach wie vor eine auf Konsens gegründete Gesellschaft. Öffentlicher Protest, Boykott gegenüber Unternehmen, absichtsvolles oder ideologisch-emotional motivierter Rechtsbruch gegenüber Unternehmen sind letztlich Randphänomene geblieben – nicht ohne Wirkung für die betroffenen Unternehmen – doch ohne in die Breite gehende auflösende Folgen für das Verhältnis von Unternehmen und Öffentlichkeit.

3. Unternehmen agieren primär auf der Funktions- und Interessenebene. Die Öffentlichkeit operiert daneben auch auf der Wertebene. Die gegenseitigen Betrachtungsebenen sind partiell verschoben. Dadurch entsteht ein „gap", das immer wieder gärendes Protestpotential gegenüber Wertübertretungen von Unternehmen stimuliert.

4. Die Vorstellung der Öffentlichkeit von einem „idealen" oder „wünschenswerten" Unternehmen hat sich in den letzten Jahren gründlich verändert. Sie hat sich wertbezogener entwickelt, d.h. stärker in Richtung einer Integration von sozialen und moralischen Wertmaßstäben im unternehmerischen Entscheidungskontext. Auf Verletzungen dieser Betrachtungsweise wird entsprechend sensibler und emotionaler reagiert.

5. Die Kommunikation vieler Unternehmen mit der Öffentlichkeit ist fast schon zum Selbstgespräch verkümmert. Schlüsselthemen wie Sicherheit, Gesundheit, Umwelt, Arbeitsplätze, Bindungsverlust durch Mobilität, Vereinbarkeit von Privat- und Berufsleben etc. – lauter Themen, die eng mit der Rolle der Unternehmen in der modernen Gesellschaft zusammenhängen –, werden oft ignoriert, dementiert oder mit jeweils eigenen Interpretationen besetzt.

Aus dem veränderten sozialen und emotionalen Klima in Deutschland lassen sich für die Unternehmenskommunikation eine Reihe von Maßnahmen und Folgerungen ableiten. Sie sind im folgenden systematisch zusammengefaßt:

1. Emotion-Setting

Die neue Sensibilität der Öffentlichkeit gegenüber Wertverletzungen von Unternehmen hat zur Folge, daß sich die Unternehmen nicht länger gegen die Stimmungslage einzelner öffentlicher Teilgruppen immunisieren können. Die Verantwortlichen für die Unternehmenskommunikation müssen lernen, die neue Kunst eines „Emotion-Setting" zu beherrschen. Dies ist die Fähigkeit, durch den Stil und die Dekoration der Kommunikation emotionale Felder zu besetzen und aktiv zu prägen. Emotion-Setting kann als eine Art Emotionsmanagement verstanden werden. Es dient dazu, eine atmosphärische Grundströmung zwischen Unternehmen und Öffentlichkeit herzustellen, um gegenseitige Wertschätzung und ein positives emotionales Klima zu schaffen. Emotion-Setting als Rahmenbedingung der Unternehmenskommunikation bedeutet:

- nicht primär Informationspolitik, sondern ein atmosphärisches Prinzip,
- nicht primär Sachdialog, sondern ein Klima des gegenseitigen Respekts,
- nicht primär thematische Auseinandersetzung, sondern Signale von Offenheit und Nähe.

Emotion-Setting bildet das emotionale Gesicht eines Unternehmens, es definiert die Metaebene der Kommunikation, die letztlich über den Erfolg oder Mißerfolg unternehmerischer Informationsbemühungen entscheidet.

EMOTION-SETTING

1. Das emotionale Profil des Unternehmens
2. Die symbolische Wirkung von Sprache
3. Die Inszenierungsregeln der Unternehmenskommunikation
4. Die Stimulierung von Gemeinschaftserlebnissen

Emotionen entstehen in der Regel aus der Bewertung einer Situation. Kollektive Emotionen sind demnach stark von der Interpretation eines Ereignisses bestimmt. Hier setzt das Emotion-Setting an. Es versucht, die atmosphärischen Wirkungen eines Ereignisses zu antizipieren und durch entsprechende Ausdrucksformen der Unternehmensverantwortlichen konstruktiv zu prägen. Das Prinzip des Emotion-Setting ist insbesondere immer dann besonders angebracht, wenn ein Unternehmen damit rechnen muß, in das Gewitter einseitigen medialen Interesses zu geraten. Wer dann auf emotionaler Ebene etwa im Sinne des Impression-Management falsch reagiert, ist hoffnungslos verloren.

Die praktische Umsetzung des Emotion-Setting erfolgt auf verschiedenen Feldern, die eng miteinander verbunden sind:

1.1. Das emotionale Profil eines Unternehmens

Die Unternehmen sind genötigt, ihr Selbstverständnis stärker auf die neuen kulturellen Emotionscodierungen der Öffentlichkeit abzustimmen. Hier ist insbesondere die Unternehmenskommunikation angesprochen. Sie muß sich darüber klar werden, welches emotionale Profil das kommunikative Arrangement eines Unternehmens in der Öffentlichkeit erzeugt. Handelt es sich um ein Bild von Kühle, Ferne, Bürokratie, Distanz, Machtbewußtsein, des Primats der Sachlogiken oder ein

Bild von Nähe, Offenheit, Wertautorität, Glaubwürdigkeit, Respekt gegenüber der Öffentlichkeit, eines „spirit“ des Aktiven, des Vitalen, des Ereignischarakters etc.? Welches emotionale Profil des Unternehmens wird in Stellenanzeigen, Geschäftsberichten, Imagebroschüren, PR-Kampagnen, Kundenzeitschriften, auf Messen, im Internet etc. präsentiert? Emotion-Setting ist in diesem Zusammenhang auf die Stilisierung eines klaren emotionalen Profils gerichtet, das in allen öffentlichen Auftritten eines Unternehmens in sich konsistent zu sein hat.

1.2. Die symbolische Wirkung von Sprache

Emotion-Setting zielt auf die Ebene der Sprache. Wie ist der Sprach- und Sprechstil der Verantwortlichen der Unternehmenskommunikation? Handelt es sich um eine Sprache, die Unabhängigkeit gegenüber Stimmungen der Öffentlichkeit ausdrückt? Die vom Bewußtsein „besserer Argumente“ geprägt ist? Die sich an der Eigenlogik der Gesetzeslage orientiert? Die auf die eigenen überlegenen Ressourcen rekurriert? Die organisatorische und fachliche Eigencodes benutzt? Die auf die bloße Akzeptanz der eigenen Interessen und Positionen gerichtet ist? Oder handelt es sich um eine Sprache, die vom Respekt gegenüber den Dialogkontrahenten unterlegt ist, die Verständigung sucht, Bindung zur Öffentlichkeit symbolisiert, von Kooperationsbemühungen mit öffentlichen Teilgruppen geprägt ist? Die Sachzwänge gegenüber Kompromißbemühungen zurückstellt?

Die Unternehmenskommunikation muß sich in Zukunft generell mehr mit der Art der gewählten Sprache sowie mit den in ihr enthaltenen symbolischen Gesten beschäftigen. Sie muß eine Antwort auf Fragen finden wie etwa:

- Wie ist die Sprache (Direktheit, Indirektheit, Verwendung von Metaphern, Fragen, Entschuldigungen, Widersprüchen)?
- Wie sicher wird kommuniziert (tastend, behutsam, selbstverständlich, sicher)? Gerade die Sicherheit der Kommunikation sagt immer etwas auch über die Wertschätzung des Gesprächspartners aus.
- Welche Sprachbilder kommen zum Einsatz (leise Kunst szenischer Andeutung ist vielfach besser als lange wortreiche Erklärungen; Bilder sagen mehr als rationale Information)?

- Welche stillschweigenden Übereinkünfte müssen unterstellt und respektiert werden (Vertrauensregeln, Reaktionsregeln)?
- Welche Begrüßungs- und Verabschiedungskultur wird verwendet (beiläufig oder nicht beiläufig)?
- Welche Sprachmedien werden für die Kommunikation genutzt?
- Wie wird mit verbalen Selbstverständlichkeitsregeln umgegangen (Reaktionsstil auf Anfragen, richtige Abstimmung von formeller und informeller Sprache)?
- Welche sprachlichen Rituale (z.B. symbolische Entschuldigungsgesten) stehen als Ausdrucksmittel zur Verfügung?
- Über welches sprachliche Inszenierungsrepertoire verfügt ein Unternehmen (Mitarbeiter, Erfahrungswerte, regionale Besonderheiten, interkulturelle Kompetenzen etc.)?
- Welche Position, welchen Rang, welche Prominenz haben die Informierenden?

1.3. Inszenierungsregeln der Unternehmenskommunikation

Emotion-Setting ist auf kommunikative Stilfragen gerichtet, d.h. auf den Habitus der Unternehmenskommunikation. Hierbei handelt es sich im wesentlichen um Darstellungs- und Inszenierungsregeln, Regeln des Taktes, Respektsregeln, Regeln des Impression-Managements etc. Während in den Unternehmen meist die sachliche Informationsebene dominiert, spielt für die Öffentlichkeit gerade in Krisensituationen die Stilebene eine mitentscheidende Rolle:

- nicht das Thema an sich, sondern die Darstellungsweise,
- nicht primär das Sachargument, sondern die Verständigung,
- nicht die Information an sich, sondern „wer informiert".

Über Stilelemente, Auftreten, Darstellungsnuancen, Inszenierungsformen etc. definiert Emotion-Setting letztlich,

- welche Atmosphäre zwischen Unternehmen und Öffentlichkeit herrscht,

- welcher Umgangsstil zwischen Unternehmen und Öffentlichkeit praktiziert wird,
- wie ein Thema präsentiert und kommuniziert wird,
- welche Glaubwürdigkeitssignale ein Unternehmen anbietet,
- welches Maß an Verständnis und Verbundenheit gewollt ist,
- welchen Respekt und welche Bedeutung ein Unternehmen seinen öffentlichen Dialogkontrahenten entgegenbringt.

Beispiel: Ein Unternehmen muß sich im Rahmen des Emotion-Setting klar darüber werden, ob eine Geste als Ausdruck von Geringschätzung oder Achtung interpretiert wird. Wird eine beliebige Geste (lange Reaktionsdauer, technisch dominierte Argumente, widersprüchliche Informationen, defizitäre Kompetenzsignale etc.) als Geringschätzung der Öffentlichkeit gedeutet, ist das emotionale Klima entsprechend kühl. Gesten der Geringschätzung schaffen eine Atmosphäre von sozialer Kälte, sie sind verbunden mit Empfindungen von Entfernung, Distanz, Ohnmacht, Abwertung, Mißachtung oder Kränkung. Emotion-Setting im Sinne von Geringschätzung wird wahrgenommen als Ausdruck von Überlegenheit und Mißachtung. Entsprechend würde ein Konflikt oder eine Krise in der Auseinandersetzung mit der Öffentlichkeit eskalieren.

Umgekehrt vermag Emotion-Setting im Sinne des Ausdrucks von Respekt eine Atmosphäre von Verbundenheit zu schaffen. Gesten des Respekts werden als Signal von Nähe, Konsens, Kooperation, Verständigung, Kompromißbereitschaft gedeutet. Sie sind verbunden mit einem emotionalen Klima von Sympathie, Aufgeschlossenheit und Offenheit. Respektsgesten federn entsprechend mögliche Eskalationsprozesse einer Krise ab.

1.4. Stimulierung von Gemeinschaftserlebnissen

Emotion-Setting zielt auf die Ebene von Gemeinschaftserlebnissen. Hier muß sich insbesondere das Event-Management des Unternehmens folgenden Fragen stellen:

- Wie ist die kollektive Emotionalitätssehnsucht bestimmter Zielgruppen oder Teilöffentlichkeiten zu bedienen?

- Wie schafft man emotionale Atmosphäre bei Events?
- Wie spricht man Zugehörigkeitsgefühle an?
- Welche Orte bieten eine emotionale Färbung für Events?
- Welche Themen ermöglichen Projektionsflächen für Emotionen?
- Welche Darstellungsstile sprechen die „Empfindungsöffentlichkeit“ an?

Fazit: Die strukturellen Kommunikationsschwächen vieler Unternehmen lassen sich auf eine massive Unterschätzung emotionaler Darstellungs- und Inszenierungsregeln zurückführen. Insbesondere die Corporate-Communications-Verantwortlichen sind oft mangels Position, mangels perfekter Koordination mit der Unternehmensleitung und oft auch mangels untrainierter Profession ihrer Aufgabe auf emotionalen Feld offenbar nicht so gewachsen, wie es viele Situationen erfordern. Dies ist eine reale Gefahr für schwelende Krisen, die ohne Emotion-Setting nicht gelöst werden können.

---

2. Emotion-Monitoring

Das erheblich sensiblere Wertklima der Öffentlichkeit nötigt die Unternehmen, eine neue Form von „Emotion-Monitoring“ zu etablieren. Emotion-Monitoring ist die systematische Erfassung von Stimmungen, bzw. emotional gefärbten Stellungnahmen, die im Umfeld von solchen Themen entstehen, die für ein Unternehmen von Bedeutung sind. Emotion-Monitoring ist sozusagen eine Art Frühwarnsystem, das das atmosphärische Umfeld von allen für ein Unternehmen relevanten Themen mißt und aufbereitet. Für das Emotion-Monitoring bieten sich folgende Methoden an:

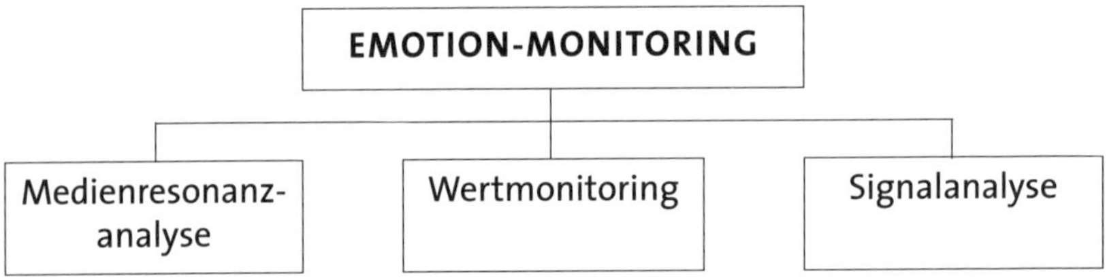

Methode 1: Medienresonanzanalyse

Eine auf atmosphärische Fragen fokussierte Medienresonanzanalyse erfaßt systematisch alle emotionalen Strömungen in öffentlichen Medien, beispielsweise:

- In welchem atmosphärischen Umfeld werden unternehmensrelevante Themen, Daten, Nachrichten und Kommentare in den Medien veröffentlicht?
- Wie ist das Verhältnis zwischen unterschiedlichen journalistischen Stil- und Darstellungsformen in der Berichterstattung über ein Unternehmen?
- Wie ist der Akzeptanzquotient für das Verhältnis negativer und positiver Berichte?

- Wie ist der Initiativquotient für das Verhältnis selbst- und fremdinitiierter Beiträge? Je häufiger fremdinitiierte Beiträge erscheinen, um so sensibler ist das öffentliche Aufmerksamkeitsklima.
- In welchem symbolischen Bildkontext werden für das Unternehmen relevante Themen publiziert?
- Welche symbolischen Szenen, die die öffentliche Stimmungslage zu einem Thema zu beeinflussen vermögen, werden in Massenmedien dargestellt?
- Wie werden unternehmensrelevante Themen bewertet?
- Wie wird das Unternehmen in den Medien gesehen? Welche wertenden Formulierungen/Attribute werden verwendet?
- Wie werden für das Unternehmen wichtige Themen behandelt (z.B. der atmosphärische Tenor von Leitartikeln zu allgemeinen Energiefragen spielt für Energieversorgungsunternehmen eine Rolle)?
- Welches Maß an Respekt wird dem Unternehmen seitens der Medien entgegengebracht?

Die Interpretation der Befunde der Medienresonanzanalyse dient dazu, frühzeitig die eigene strategische Konzeption von PR auf die öffentliche Stimmungslage abzustimmen. Gleichzeitig hilft sie, rückblickend die emotionalen Wirkungen der eigenen Kommunikationspolitik zu bewerten.

Methode 2: Wertmonitoring

Im Rahmen des Wertmonitoring werden systematisch jene gesellschaftlichen Werte analysiert, die die Beziehungen zwischen Unternehmen und Öffentlichkeit nachhaltig beeinflussen, bzw. deren Mißachtung seitens der Unternehmen zu einer aggressiven oder distanzierten Haltung der Öffentlichkeit führt. Im Wertmonitoring werden tieferliegende Wertveränderungen der Gesellschaft erfaßt und auf ihre Konsequenzen für die Unternehmenspolitik untersucht.

Das Wertmonitoring geht von der Voraussetzung aus, daß die Maßstäbe von Reputation, gutem Ruf und öffentlicher Autorität eines Unternehmens langfristig einem Wandel unterliegen. Image- und Reputationsbewertungen sind an der Schwelle zum neuen Jahrhundert von anderen Prämissen abhängig als in den 80er oder 90er Jahren. Der Wandel der öffentlichen Bewertungsmaßstäbe von Unternehmensdarstellungen beruht auf einem veränderten Selbstverständnis der Deutschen. Die Öffentlichkeit reagiert auf bestimmte Wertverletzungen anders und sensibler als noch vor zehn Jahren. Mit Hilfe des Wertmonitoring werden die grundlegenden Strömungen des öffentlichen Wertklimas erfaßt, um rechtzeitig auf sie abgestimmte Kommunikationsstrategien entwickeln zu können.

Die Grundidee des Wertmonitoring besteht demnach darin, das Wert- und Mentalitätsprofil der Deutschen sowie die öffentliche Positionierung von Unternehmen angemessen aufeinander zu beziehen. Es werden die Wertansprüche der Öffentlichkeit den faktisch gegebenen Positionierungsprofilen der Unternehmen gegenübergestellt. Dabei werden Distanz, bzw. Nähe der öffentlichen Unternehmenspositionierung zur Tiefenströmung zentraler Leitwerte in Deutschland gemessen. Der jeweilige Grad der Übereinstimmung kann ausgewiesen werden. Auf diese Weise erhält man Positionierungsgemeinsamkeiten oder Positionierungsdifferenzen, die je nach Anlaß Wertschätzung oder öffentlichen Unmut gegenüber einem Unternehmen stimulieren können. Beispielsweise könnten folgende Themen aus dem deutschen Werte-Ranking aufgegriffen werden:

- Die sich allgemein abschwächende Bindungsbereitschaft in Deutschland verändert auch die Beziehungen zu Unternehmen. Loyalität und Markentreue sind nicht mehr selbstverständlich. Die Unternehmenskommunikation muß dieser Entwicklung durch ein neues Konzept von Identitätsmanagement und Identitätsangeboten entgegensteuern.

- Die Deutschen identifizieren sich wieder vermehrt mit den Regionen, in denen sie leben – mit den kulturellen Besonderheiten, die für sie heimatliche Verbundenheit bedeuten. Konsequenz: Der regional gefärbte Akzent der Unternehmens- und Markenkommunikation gewinnt an Bedeutung.

- Das veränderte Zeitbewußtsein der Deutschen verändert die Einstellung zu Wartezeiten: Die sofortige Verfügbarkeit von Informationen nimmt an Wertschätzung deutlich zu. Folge: Jede Unternehmensinformation muß mit klaren und verläßlichen Verfügbarkeitsfristen ausgestattet werden.

- Das Geschichts- und Traditionsbewußtsein der Deutschen wächst kontinuierlich. Die Wiederentdeckung historischer Bezüge muß kommunikativ beantwortet werden. Die Tradition eines Unternehmens, die Geschichte einer Marke, der Mythos eines Produktes bilden vor diesem Hintergrund wichtige Ressourcen und können als Kristallisationspunkte einer erfolgreichen Kommunikationsarbeit verstanden werden.

Methode 3: Signalanalyse

Unter Signalanalyse wird die Erfassung „schwacher emotionaler Signale“ verstanden, die eine latent gärende Stimmung gegenüber einem Unternehmen ankündigen. Diese Signale stammen oft aus Quellen, die von Unternehmen gar nicht als relevante Zielgruppen oder Teilöffentlichkeiten identifiziert werden.

Signale in diesem Sinne wären:

- Reklamationen und Beschwerden unterschiedlicher Zielgruppen, Interessengruppen und Teilöffentlichkeiten,
- Leserbriefe in den Medien,
- Diskussionsforen im Internet (ein Fehler im Pentium-Chip bescherte der Firma Intel den ersten Kommunikationskonflikt, der hauptsächlich im Internet geführt wurde und für das Unternehmen gravierende Folgen hatte),
- Themen der Verbraucherschutzorganisationen,
- Themen und Strategien der NGOs; insbesondere die international operierenden NGOs wie beispielsweise Greenpeace etc. vermögen das öffentliche Klima, bzw. die öffentliche Stimmungslage gegenüber Unternehmen nachhaltig zu beeinflussen,
- Public Affairs: die frühzeitige Erfassung politischer Signale zu allen ein Unternehmen berührenden Themen.

In der Signalanalyse zeigen sich mögliche Stimmungs- und Meinungstrends, die in der breiteren Öffentlichkeit vielleicht erst später durchschlagen. Entsprechend hilft dieser Seismograph, rechtzeitig bestimmte Stimmungstrends aufzugreifen und die sich anbahnende öffentliche Debatte zumindest atmosphärisch mitzugestalten.

Fazit: Medienresonanzanalyse, Wertmonitoring und Signalanalyse zusammengenommen versetzen das Unternehmen in die Lage, die emotionale Temperatur in der Öffentlichkeit zu messen und daraus Rückwirkungen auf die Unternehmenspolitik und -kommunikation abzuleiten. Ein konsequentes Emotion-Monitoring ermöglicht es den Unternehmen, risikoreiche Stimmungstrends zu antizipieren und die immer bestehenden Gestaltungsspielräume der öffentliche Meinung aktiv und konstruktiv für die eigene Position zu nutzen.

3. Die Bedeutung von Vorstand, Geschäftsführung und leitendem Management für die Unternehmenskommunikation

Angesichts des veränderten emotionalen Klimas in Deutschland liegt die Bedeutung des Vorstands, bzw. des leitenden Managements eines Unternehmens vor allem in drei Aspekten:

1. Je emotionaler das Klima zwischen Öffentlichkeit und Unternehmen ist, um so mehr werden die Journalisten bei der Suche nach Informationen die herkömmlichen Wege verlassen. Zwar ist die Pressestelle nach wie vor der bevorzugte Kontaktpunkt für allgemeine Informationen. Für Fragen zu einem bestimmten sensiblen Thema werden allerdings die Pressestellen vermehrt umgangen und direkt der Kontakt zum Vorstand gesucht (nach einer Erhebung des Wirtschaftsforschungsinstituts Doeblin wenden sich ca. 71% der Journalisten in einer Krisensituation direkt an den Vorstand). Auch dem Betriebsrat kommt als Kommunikationsadressat in einer Krisensituation eine wachsende Bedeutung zu.

2. Während Sachargumente allein in einer Krisensituation wenig bewirken, erhöht moralische Integrität auch ohne ausgesprochenes Fachwissen die Einflußmöglichkeiten gegenüber der Öffentlichkeit. Daher ist gerade in Krisensituationen die personifizierbare Integrität von Managern von weit größerer Bedeutung als die bloße Vermittlung purer Sachargumente. Nicht die Information an sich ist entscheidend für den Respekt der Öffentlichkeit gegenüber einem Unternehmen, sondern die Autorität desjenigen, der informiert.

   Das neue emotionale Klima in der Öffentlichkeit erhöht die Anforderungen an die moralische Integrität von Führungspersonen. Ethische Fehlleistungen werden im Medienzeitalter schnell in der Öffentlichkeit bekannt und ziehen in der Regel einen entsprechenden Schaden nach sich. Unternehmen, die in Maßnahmen zur Förderung ihrer Integrität investieren, verschaffen sich einen deutlichen Wettbewerbsvorteil.

   Konsequenz: Moralische Integrität ist eine Forderung der Öffentlichkeit an Prominenz, insbesondere an die Prominenz leitender Manager. Vertrauenswürdigkeit, Glaubwürdigkeit und Wertautorität bilden konstitutive Elemente öffentlichen Ansehens. Wer mit der Öffentlichkeit kommuniziert, muß sich vorbildhaft verhalten. Sachargumente allein helfen nicht im Ringen um öffentliche Akzeptanz. Neu ist die Betonung moralischer Maßstäbe und neu ist, daß die Öffentlichkeit die Unternehmen für einen Mangel an Wertsensibilität belangt.

3. Angesichts zunehmend komplexer werdender Informationsstrukturen moderner Märkte sucht die neue Öffentlichkeit auch nach Identifikationsfiguren in der Wirtschaft. Man verlangt vermehrt nach Führung. Was man will, ist personifizierte Prominenz. Diesen neuen Erwartungen müssen sich Vorstände und Geschäftsleitungen stellen, wollen sie öffentliche Akzeptanz auf Dauer gewinnen. Die neue Rolle von Vorstand und Geschäftsführung liegt also nicht nur in einer stärkeren Öffnung gegenüber den Medien in Krisensituationen, sondern auch in der Einlösung öffentlicher Prominenzansprüche

In Deutschland herrscht ein Mangel an Managern, die die Suche der Öffentlichkeit nach emotionalen Identifikationsfiguren bündeln und auf sich zu fokussieren vermögen. Gegenwärtig dominiert ein defensiver Pragmatismus in der Führungselite der Wirtschaft. Manager leiden generell an einem gewissen „Prominenzdefizit". Dem Verlangen der Öffentlichkeit nach erkennbarer personifizierter Integrität und Autorität wird kaum Rechnung getragen. Öffentliche Prominenz spielt in der Wirtschaft nur eine untergeordnete Rolle. Entsprechend niedrig ist der Grad der Bekanntheit und Aufmerksamkeit, die ein Spitzenmanager erreicht. Im Vergleich zu anderen Gesellschaftsbereichen werden „Prominente" aus der Wirtschaft eher selten genannt:

Nennungen von Prominenten nach gesellschaftlichen Bereichen

Angaben in % der Bevölkerung (1993).

Gesellschaftsbereiche	
Kultur	46,2%
Kunst	27,1%
Medien	19,1%
Politik	43,1%
Sport	7,3%
Wirtschaft	0,8%
Wissenschaft	0,7%
Kirche	0,6%
Adel	0,6%
Sonstige Prominente	0,8%
nicht klassifizierbar	0,5%
nicht identifizierbar	0,3%
insgesamt (absolut)	3693

Quelle: Peters 1994 – eigene Darstellung

Grafik III.3.1: Bekanntheit von Prominenten

Personalisierungsprozesse finden derzeit eher im Ausnahmefall statt, deutsche Manager scheuen in der Regel das Licht der Öffentlichkeit. Je emotionaler sich das Klima zwischen Unternehmen und Öffentlichkeit allerdings entwickelt, um so mehr sind die leitenden Manager verpflichtet, selbst als Öffentlichkeitsakteure zu handeln und damit eine gewisse Prominenz zu akzeptieren.

Insbesondere in Krisensituationen bilden auf Prominenz gerichtete Emotionen wichtige Ressourcen, um öffentliche Wertschätzung zu gewinnen. Erfolgreiches Krisenmanagement ist daher vermehrt auf hohe Aufmerksamkeits- und Prominenzwerte des leitenden Managements angewiesen. Dieser Befund nötigt die Unternehmen zu einem Umdenken ihres öffentlichen Auftritts. Er zwingt zu stärkeren Personalisierungsprozessen der leitenden Führungsebene.

Wollen Unternehmen in sensiblen oder kritischen Situation erfolgreich kommunizieren, sind sie auf höhere Aufmerksamkeits- und Prominenzwerte angewiesen.

Konsequenz: Im Kampf um öffentliche Meinung und öffentliche Zustimmung bewähren sich eher Gesichter als Argumente, eher Prominenz als Programm, eher Personen als Sachgesetzlichkeiten. Gefühle werden gegen Sachzwänge reklamiert. Daher spielt es für die öffentliche Akzeptanz von Unternehmen eine wachsende Bedeutung, inwieweit es den leitenden Managern gelingt, über einen Personalisierungsprozeß öffentliche Autorität zu erlangen.

Insbesondere die neuen Medien mit ihren eigenen Publizitätsgesetzen bilden den Dreh- und Angelpunkt von Prominenzprozessen. Ihnen kommt nicht nur eine wichtige Rolle als selektierende und vermittelnde Instanz zu; sie ermöglichen erst den Zugang zur breiten Öffentlichkeit.

Daher müssen Manager verstärkt die Mechanismen der Medien in ihrem öffentlichen Auftritt antizipieren. Dazu sind folgende Schritte sinnvoll:

- Klare Personalisierbarkeit von Informationen und Argumenten.
- Berücksichtigung von Nachrichtenwertfaktoren, also bestimmte Eigenschaften, die Informationen aufweisen müssen, um über die Schwelle der Aufmerksamkeit zu gelangen.
- Einhaltung von Telegenitätsmaßstäben. Die Hauptkategorie des öffentlichen Daseins heißt: Bild. Da Bildmedien die wichtigsten Medien zur Personalisierung von Personen darstellen, ist die Telegenität und Selbstinszenierung eines „Kandidaten“ mitentscheidendes Selektionskriterium (vgl. Peters 1995). Medien verpflichten zu einer Inszenierung des Auftritts. Erst durch sie gelingt die Erzeugung einer medialen Aura um eine „profane“ Person.

- Symbolisches Repräsentieren von Unternehmensressourcen. Je höher die Ressourcenausstattung der Unternehmen ist, um so größer ist die Chance für einen öffentlichen Personalisierungsprozeß. Größe und Macht erzeugen Aufmerksamkeit.
- Symbolische Vermittlung der Bedeutung einer Branche bzw. eines Dienstleistungsbereichs, für die das Unternehmen steht. Je wichtiger der Industriebereich für die Gesellschaft ist, um so eher werden ihre Repräsentanten von den Medien wahrgenommen und vermittelt.
- Personalisierung bedarf schließlich eines gewissen Unterhaltungswertes. Für die Beurteilung von Managern spielt neben ihren Überzeugungen die aktuelle Performance eine wichtige Rolle, d.h. inwieweit können sie sich als authentisch, interessant, einflußreich und sympathisch darstellen. Insbesondere der Ausdruck von Gefühlen avanciert zu einem wichtigen Medium der Verständigung mit der Öffentlichkeit.
- Wertautoriät und Prominenz vereinigen emotionsbezogene Managementqualitäten, die im Lichte der Öffentlichkeit eine nachhaltige Rolle spielen und sich in folgenden Faktoren niederschlagen:
  - Die Unübersichtlichkeit der Unternehmenskommunikation wird transparenter.
  - Die Unsicherheit in der Deutung der Unternehmenskommunikation wird reduziert.
  - Der Prozeß der Unternehmenskommunikation mit der Öffentlichkeit wird entlastet, da Wertautoritäten und Prominenz Interessen auf sich ziehen, die von bestehenden Sachkonflikten zumindest für begrenzte Zeit ablenken.
  - Wertautorität und Prominenz haben Vorbildfunktion und erleichtern die Dialogaufnahme mit der Öffentlichkeit.
  - Prominenz wirkt immer auch als repräsentative Elite und erfüllt damit implizit emotionale Ansprüche.
  - Prominenz verpflichtet zur Inszenierung.

Fazit: Man will heute vermehrt personifizierte Marken und personifizierte Unternehmen. Man will die Menschen hinter den Produkten und Organisationen sehen. Indifferenz der Unternehmenskommunikation gegenüber einem emotionalen Hintergrund des Unternehmens wird immer weniger akzeptiert. Die neue Öffentlichkeit „erträgt" es nicht mehr, daß sich die Manager ausschließlich auf die kommerziellen Fragen und Probleme ihres Handelns konzentrieren. Sie erwartet vielmehr, daß die emotionale Seite eines Unternehmens nicht nur als persönlicher Hintergrund der leitenden Manager vorhanden ist, sondern direkt in die Medienöffentlichkeit hineinwirkt.

4. Die Bedeutung der „emotionalen Rationalität" für die Unternehmenskommunikation

Die Bedeutung der „emotionalen Rationalität" für die Unternehmenskommunikation läßt sich in zwei Punkten zusammenfassen:

1. Mit dem Wachstum durchtechnisierter Unternehmenssysteme wächst das Bedürfnis der Öffentlichkeit nach Nähe, Direktheit und Personifizierung. Naisbitt spricht nicht zu Unrecht vom parallelen Wachstum von High Tech und High Touch. Wann immer ein Unternehmen neue Techniken einführt, sollte eine sogenannte High Tech Innovation von einer entsprechenden High Touch Innovation begleitet werden. Mit anderen Worten: Die Prozesse der Technisierung und Globalisierung zwingen zum Nachdenken über die sozialen Schranken, bzw. sozialen Kompensationen der Sachzwänge. Strategisch-technische Rationalitätsschübe in einem Unternehmen müssen daher zeitgleich mit kommunikativ-emotionalen Rationalitätsformen verbunden werden. Die Öffentlichkeit sucht Sachentscheidungen, die von atmosphärischen Signalen der Nähe, des Vertrauens

oder des kulturellen Konsens unterlegt werden. Verlangt wird nach einer stärkeren symbolischen Kommunikation, die an traditionell gewachsenen gemeinsamen Wertwurzeln ansetzt und insbesondere emotionale Vertrauensansprüche bedient.

Die emotionale Rationalität eines Unternehmens ist mehr als eine bloße rationale Verständigung mit der Öffentlichkeit. Sie ist ein Prinzip der emotionalen Verbundenheit und des symbolischen Ausdrucks der gemeinsamen Zugehörigkeit zur selben Lebenswelt, sie ist gerichtet auf die Repräsentation einer Art öffentlichen Stimmungslage: Hier bin ich gut aufgehoben, das Unternehmen spiegelt meine kulturelle Grundstimmung wider (z.B. eine bestimmte regionale Identität), es reflektiert meine Wertansprüche, es zeigt Respekt.

2. Emotionale Rationalität bedeutet zweitens Glaubwürdigkeit. Angesichts komplexer Technologie-, Wissens- und Kompetenzstrukturen, die für die Öffentlichkeit nicht mehr durchschaubar sind, wächst die Neigung, emotionaler zu reagieren. Die öffentliche Autorität von Experten ist in den letzten Jahren deutlich verblaßt. Expertisen verlieren ihre ungefragte Orientierungsfunktion. Das allgemein wachsende Mißtrauen gegenüber Expertenkulturen macht daher Glaubwürdigkeit zu einer Schlüsselgröße für auf kollektive Emotionen abgestimmte Unternehmenskommunikation.

Die neuen massiv gestiegenen Ansprüche an das „Vertrauensbild" eines Unternehmens können nur zu einem geringen Teil durch technisch-organisatorische Prozesse eingelöst werden; sie bedürfen vor allem folgender Elemente:

- einer sensiblen Personalrekrutierung im Sinne einer klar definierten Sozialkompetenz.
- einer klaren Politik der Vermittlung von Werten, für die ein Unternehmen steht, also eine neue Form von Identitätsmanagement.
- eines Umdenkens im Stil des öffentlichen Auftretens.
- eines neuen Habitus der Kommunikation, nicht nur der PR-Abteilung, sondern aller Verantwortlichen, die in die Öffentlichkeit hineinwirken.

Die Öffentlichkeit sucht Vertrauensleistungen, weil sie ihr nützen. Sie ist auf die Verläßlichkeit von Informationen und Argumenten angewiesen, weil die Informationskomplexität moderner Märkte den einzelnen schlichtweg überfordert.

Als symptomatisch für diese Entwicklung läßt sich der Abstimmungsslogan einer politischen Gruppierung in den USA zitieren: „Confused? Many are! When in doubt, play safe! Vote No!“ Sicherheitshalber nein – diese Haltung resultiert aus überforderter Urteilskraft und ist typisch für viele Beziehungen zwischen Öffentlichkeit und Unternehmen im kommunikativen Alltag. Ein „Nein“ der Öffentlichkeit gegenüber einem Unternehmen drückt also nicht unbedingt mangelnde Wertschätzung aus. Oft entspricht dieses Nein einem Vermeidungsverhalten, sich mangels Vertrauen nicht entscheiden zu müssen. Nicht Marke, Produkt oder Unternehmen werden zurückgewiesen, sondern das defizitäre Vertrauensbild.

Fazit: Unternehmenskommunikation hat nicht nur für technisch-rationale oder juristisch-korrekte Erklärungen und Darstellungen zu sorgen, sondern neue emotionale Befindlichkeiten zu bedienen. Sie hat verstärkt dem unterschwelligen Anspruch zu genügen, daß in allen Äußerungen zumindest implizit erkennbar wird, daß Unternehmen und Öffentlichkeit letztlich einer gemeinsamen Lebenswelt angehören, sich in einem gemeinsamen kulturellen Horizont begegnen und selbstverständlichen Vertrauensregeln unterwerfen.

---

5. Emotionale Grundcodierung von Marken

Jedes Unternehmen bedarf, will es sich erfolgreich am Markt positionieren, einer unverwechselbaren Markencodierung. Diese Codierung muß einerseits an der historisch gewachsenen Marken- bzw. Unternehmensidentität, andererseits am Wertprofil der Öffentlichkeit ansetzen. Vor dem Hintergrund gestiegener emotionaler Ansprüche und Interessen der Öffentlichkeit hat daher die Markenkommunikation nicht nur eine technische oder wirtschaftliche Botschaft zu vermitteln; sie hat darüber hinaus auch soziale und emotionale Codierungssegmente zu bedienen.

Jede Grundcodierung einer Unternehmensidentität umfaßt vier Botschaften: einen technischen, wirtschaftlichen, sozialen und emotionalen Wert. Ein Beispiel: Die Symbolkraft des Daimler-Benz-Sterns bildet eine ganz zentrale Leitbildmetaphorik, die alle vier Ebenen miteinander verbindet:

a) technische Werte wie Qualität,

b) soziale Werte wie Sicherheit, Verläßlichkeit oder Autorität,

c) wirtschaftliche Werte wie Wertbeständigkeit,

d) emotionale Werte wie Vertrauen, Stolz, Statusempfindungen, Träume, Mythen.

Gerade weil der Stern nicht darauf beschränkt ist, nur sich selbst zu bezeichnen, funktioniert er als Symbol der emotionalen Markencodierung: er korrespondiert mit tiefer liegenden Sehnsüchten seiner Zielgruppen.

Die emotionale Codierung eines Unternehmens kann sich auf unterschiedlichste Gefühlsbereiche beziehen: auf Vertrauensempfindungen gegenüber einer Marke, auf Prestige- oder Stolzempfindungen, die mit einem Produkt verbunden werden, auf Empfindungen von atmosphärischer Nähe, auf Traditionsgefühle, Erlebnisempfindungen oder einfach auf Wertkonsens beruhenden Sympathiegefühlen.

Auf welche Emotionsressourcen ein Unternehmen in seinem öffentlichen Profil zurückgreifen kann, hängt u.a. von seiner individuellen Geschichte ab; entscheidend ist aber, daß eine klare und bestimmte emotionale Grundcodierung einer Marke kommuniziert wird. Weder darf das emotionale Profil schwankenden Zeitgeist-Empfindungen angepaßt werden noch klare Identifikationsangebote verdecken. Es muß vielmehr als eigenständiger Wert, bzw. als eine eigenständige Kernbotschaft in der Markenpolitik positioniert sein.

Die Konsequenz für die Unternehmenskommunikation ist klar: Die gestiegenen emotionalen Ansprüche der Deutschen zwingen zu einem deutlich stärkeren Einsatz symbolischer Kommunikationsformen sowie zu einer deutlichen Aufwertung emotionaler Sinnbilder und Symbolzeichen: Public-Management ist vor allem Symbol-Management. Daher müssen sämtliche Inszenierungspraktiken eines Unternehmens in ihrer symbolischen Wirkung auf die Öffentlichkeit untersucht werden. Alle verbalen und non-verbalen Gesten, bzw. Unternehmensäußerungen (dies können Markenzeichen, öffentliches Erscheinungsbild von Mitarbeitern, verwendete Metaphern in öffentlichen Selbstdarstellungen, verwendete Traditionselemente, Rituale, Reden, Auftreten, Stilelemente von Werbung und PR-Kampagnen, architektonische Formen etc. sein), bilden zusammengenommen den Rahmen für die emotionale Grundcodierung einer Marke. Zugleich bestimmen sie maßgeblich das emotionale Verhältnis zwischen Unternehmen und Öffentlichkeit.

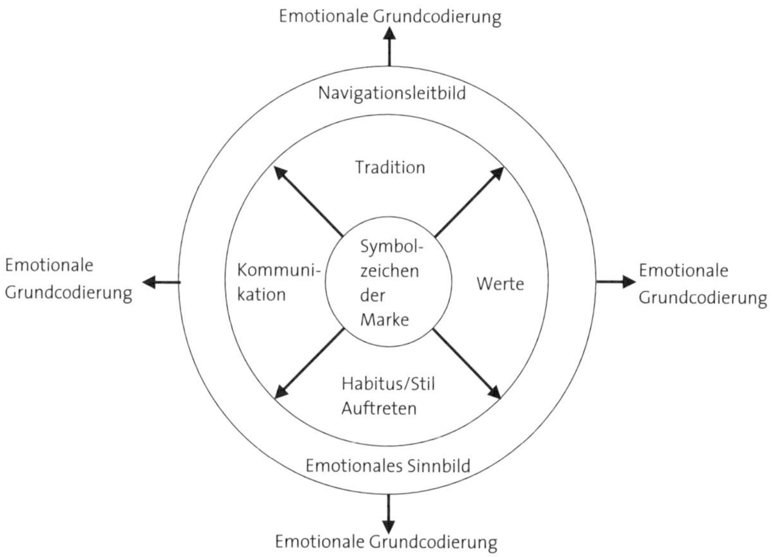

Grafik III.5.1: Emotionale Grundcodierung

6. Symbolische Unternehmenskommunikation

Je mehr die Öffentlichkeit in Deutschland ihre Emotionalität zum Ausdruck bringt, um so mehr müssen sich die Kommunikationskonzepte mit Symbolen und Bildern befassen. Sozialforscher beobachten, daß gerade heute die Menschen ein unstillbares Verlangen nach symbolischer Kommunikation haben. Je weniger der einzelne imstande ist, in der nicht mehr faßbaren technischen Informationskomplexität unserer Gesellschaft die Orientierung zu finden, um so eher sucht er nach einem Geländer, an dem entlang ihm Sinn und Lebensgefühl zuwachsen. Genau dies leisten Symbole und Bilder. Bilder bezeugen Sehnsüchte; Sehnsüchte beispielsweise nach Glück, nach Freiheit, nach Erfolg, nach Geborgenheit oder nach dem Wunsche, aller Beschränkungen ledig zu sein. Bilder bezeugen auch das Heimweh nach einer zum Mythos gewordenen Vergangenheit, die tausend Bedeutungen Raum gibt und Ausdruck von all dem ist, was hätte sein können, und was nicht geworden ist.

Solche emotionalen Sehnsüchte und Heimwehgefühle werden ganz zentral für die Verständigung mit der Öffentlichkeit. Wodurch solche emotional gefärbten Bilder auch freigesetzt werden, sei es ein vertrautes Symbol, eine begriffliche Wendung oder ein kommunikatives Ritual: Sie bringen Unternehmen und Öffentlichkeit wirksamer zueinander als jede Sachinformation. Der Deutsche verlangt vermehrt nach einem Symbolmanagement, das dazu beiträgt, aus dem halbbewußten Strom des alltäglichen Lebens seine Tagträume, seine Illusionen und Imaginationen im freien Spiel von Bildern und Worten zu wecken. Die Öffentlichkeit sucht die Überwindung des Mißverhältnisses einer technisch und fachlich dominierten Informationspolitik. Sie sucht Kommunikationsangebote, die es ihr ermöglichen, sich beispielsweise des inneren Reichtums spontaner Assoziationen zu erfreuen, die Welt mit ihren Illusionen, Träumen, Hoffnungen und Wünschen erleben zu können. Eine Trennung zwischen rationalen Informationsangebot und emotional verstandenen Lebensstilorientierungen entspricht nicht mehr ihren Ansprüchen. Die Bedeutung der symbolischen Unternehmenskommunikation für die Beziehungen zur Öffentlichkeit sind vielfältig:

- Symbole fungieren als Navigationsleitbild für Nähe, Zugehörigkeit, Vertrauen.
- Symbole tragen die Geschichte und Tradition eines Unternehmens.
- Symbole repräsentieren gegebenenfalls den Markenmythos.
- Symbole bündeln die wichtigsten Wertgrundsätze.
- Symbole sind Sinnbild für die besondere Stellung eines Unternehmens im Markt.
- Symbole helfen, emotionale Sinnbilder in das Zentrum einer rationalen Entscheidungsmatrix zu rücken und damit die Beziehungen zwischen Öffentlichkeit und Unternehmen zu stärken.
- Symbole bilden die Grundlage für Identifikationsangebote und untermauern damit die emotionale Bindung an ein Unternehmen.

Die zentralen Unternehmensbotschaften sind daher durch Symbole zu repräsentieren. Sie lösen entsprechend emotional gefärbte Assoziationen in der Öffentlichkeit aus: von Vertrauen bis Wohlbefinden, von Verläßlichkeit bis Nähe, von Status bis Lebensgefühl, von Zugehörigkeit bis Sympathie. Nicht die faktischen Leistungen als solche bestimmen die öffentliche Reputation eines Unternehmens, sondern die über Symbolik gesteuerte Interpretationsleistung der Öffentlichkeit. Erst sie bildet die Grundlage zur Positionierung im Markt, erst sie bildet den Rahmen für Bewertungsprozesse in der Öffentlichkeit.

Entsprechend sind Unternehmensbilder immer Ausdruck eines symbolischen Inszenierungsrepertoires, das bestimmte Bedeutungen in der Öffentlichkeit erzeugt. Unternehmen müssen daher in ihrer Informationspolitik alle Anstrengungen darauf konzentrieren, sämtliche Inszenierungsgesten auf die mögliche Bedeutungsentschlüsselung der Öffentlichkeit abzustimmen.

Praktisch bedeutet dies, alle Formen des Symbolmanagements und des visuellen Managements zu forcieren. Im visuellen Management geht es darum, den neuen „polysensualen" Ansprüchen der Öffentlichkeit Rechnung zu tragen und Informationen aus ihrer reinen Abstraktion heraus zu führen. Eine reale Chance, die Öffentlichkeit zu informieren, besteht nur darin, Information unter Einbezug möglichst vieler Sinne zu präsentieren (vgl. Tominaga 1996). Visuelles Management bedeutet daher:

a) Probleme nicht abstrakt zu behandeln, sondern in der Kommunikation mit der Öffentlichkeit real sichtbar zu machen. Die Botschaft muß visuell greifbar, vorstellbar, besser: anfaßbar sein.

b) Probleme und Positionierungen sind anhand konkreter exemplarischer Bilder oder realer Aktionen zu vermitteln.

c) Visuelles Management beruht auf dem Spiel mit Symbolen, Metaphern, Ikonographien, Sprachbildern, die auf der Assoziationsebene der Öffentlichkeit ihren Dienst tun. Meistens handelt es sich um Bilder, die den meisten als solche gar nicht auffallen, aber trotzdem ihre Wirkung entfalten.

Vor allem auf vier Ebenen wird die Kompetenz der symbolischen Unternehmenskommunikation deutlich:

1. Erlebnissymbolik

In der Erlebnissymbolik sind Erlebnis- und Produktbereich aufeinander bezogen. Die Bedeutung der Marke Levi's geht nicht aus den Jeans an sich hervor, sondern aus einem historischen Zuschreibungsprozeß (Bild von Freiheit), der ihr entweder aufdefiniert oder von ihr kommuniziert wurde. Das Markensymbol deutet auf etwas hin, was es selbst nicht ist und dient damit zum Transport von Vorstellungen, die Sinn und Emotionalität erzeugen.

2. Zugehörigkeitssymbolik

Anschauung und Lebensstil eines Menschen werden durch Marken symbolisch erkennbar, über Marken wird das Selbstverständnis jedes einzelnen auf subtile Weise symbolisch repräsentiert. Marken machen ein Stück Eigenidentität, ein gemeinsames Lebensgefühl sichtbar. Viele Menschen vermögen sich ihrer eigenen Wirklichkeit erst dann zu vergewissern, wenn sie sich in Gestalt von Markensymbolen vorstellen. Marken avancieren zu kulturellen Erkennungszeichen, bzw. sozialen Duftmarken, die Zugehörigkeiten und Gemeinsamkeiten ausdrücken können; und zwar Zugehörigkeiten auf doppelte Weise: einmal in Form einer tiefer liegende Bindung an ein Unternehmen und zum anderen Zugehörigkeit zu bestimmten sozialen Netzen oder Gruppierungen.

3. Statussymbolik

Das durch eine Marke emblematisierte Individuum drückt immer auch einen Teil seines Selbstverständnisses aus, indem es diesen Teil seiner Identität von einer kollektiven Markenpersönlichkeit entleiht. Marken sind ein wichtiger Teil des emotional gefärbten Selbstinszenierungsrituals von Menschen geworden. Sie bilden eine symbolische Kulisse, die entweder aus defizitärem Selbstwertgefühl oder aus Abgrenzungs- oder Unterscheidungsbedürfnissen aufgebaut wird. Für viele Menschen bedeutet die Verfügbarkeit eine Marke immer auch Statussicherheit, da sie seine soziale Position deutlich macht. Durch Marken wird die soziale Position des einzelnen auf symbolische Art „dinghaft" gemacht. Marken sind die Eckpfeiler, an denen sich eine hierarchische Ordnung, ein Oben und ein Unten, Milieu- und Statusunterschiede festmachen lassen. Insoweit stellt die Statusfunktion einer Marke einen symbolischen Ordnungsfaktor dar, ohne den soziale Differenzen sehr viel schwieriger zu identifizieren wären.

4. Bindungssymbolik

Schließlich definieren das Inszenierungsrepertoire eines Unternehmens sowie die mit ihm verbundenen Signale die Art der emotionalen Bindung der Öffentlichkeit an ein Unternehmen. Über Glaubwürdigkeitsgesten, Verläßlichkeitsgesten, Respektsgesten, Gesten des Wertkonsens etc. werden Stabilität, Direktheit, Offenheit und Nähe der öffentlichen Bindung an ein Unternehmen gesteuert. Ihre Stabilität ist im Krisenfall eine zentrale Ressource, um Keime eines Unmuts- oder Protestpotentials zu entschärfen.

Fazit: Symbolische Unternehmenskommunikation ist stets mehrdimensional: Vergangenes erhält sinnliche Präsenz, Unsichtbares wird sichtbar, Unausdrückbares ausdrückbar. Genau dies sind grundlegende Faktoren für das emotionale Profil eines Unternehmens. Über symbolische Kommunikation wird eine Erfahrungsbreite in der Öffentlichkeit erreicht, die auf direktem Informationsweg nicht erzielt werden kann. Vor allem zwei Ebenen sind direkt aufeinander bezogen, die für das emotionale Verhältnis zwischen Öffentlichkeit und Unternehmen ganz maßgeblich sind: Sinn- und Sachbereich. Unternehmen müssen also, wenn sie ihren guten Ruf stärken wollen, ständig die Bedeutung antizipieren, die ihre Gesten für die Öffentlichkeit haben. Das Wissen um die Zusammenhänge in der symbolischen Markenkommunikation bildet eine wichtige Grundlage für ein modernes Reputationsmanagement. Daher muß die symbolische Markenkommunikation auf eine deutlich breitere Grundlage gestellt werden: Sachinformationen, Sinninformationen und Bedeutungsinformationen fließen in ihr zusammen.

7. Bedeutung des Internet

Gerade in einem sensibleren emotionalen Klima gewinnt das Internet als Medium der externen Unternehmenskommunikation zunehmend an Bedeutung. 80% der Journalisten verfügen bereits in der Redaktion oder zu Hause über einen Internetzugang. Bei kurzfristigem Informationsbedarf, beispielsweise in Krisenfällen, schauen schon bis zu 30% der Journalisten ins Netz. Um überhaupt noch Einfluß auf die öffentliche Darstellung eines Unternehmens in einer Krisensituation nehmen zu können, sind die Unternehmen genötigt, speziell für das Netz produzierte publizistische Inhalte aufzubereiten. Dabei müssen sich alle Verantwortlichen eines Unternehmens klar sein, daß sich nicht nur Online-Eliten (Meinungsführer, Journalisten etc.) mit ihren selektiven Informationsbedürfnissen auf die Homepage durchwählen, sondern je nach Situation auch breitere stimmungssensible Teilöffentlichkeiten.

Wegen seiner Reichweite stellt das Internet eine noch nie dagewesene Herausforderung für die Unternehmen dar. Die krisenverschärfende Seite des Netzes besteht darin, daß praktisch jeder jederzeit alles über ein Unternehmen oder eine Organisation sagen kann – und dies völlig ungeprüft. Es gibt keinerlei Regulierungen. Niemand ist verpflichtet, seine Aussagen zu verifizieren. Millionen von Nutzern auf der ganzen Welt können das ins Netz gestellte Material oder die ins Netz gestellten Argumente abrufen. Anders als bei Zeitungen gibt es hier keine „gatekeeper“, keine professionellen Informationswächter, die wie Redakteure sauber recherchieren müssen. Wer immer seine persönliche Fassung von Informationen, seine emotional gefärbte Stimmung verbreiten will, findet im Internet eine Plattform, auf der er in Umlauf bringen kann, was immer er wünscht.

Beispielsweise berichtet Baumgärtel von einer Vereinigung von Autobesitzern einer bestimmten Marke, deren Homepage das Bild eines ausgebrannten Transporters zeigt. Darunter steht: „das, was diesen Wagen dazu gebracht hat, in Flammen aufzugehen, könnte auch 26 Millionen anderen Wagen derselben Marke passieren". Anfang Februar 1997 ging die Geschichte über den Reuters-Ticker. Der Artikel wurde daraufhin in zahlreichen amerikanischen Zeitungen veröffentlicht; über Nacht waren die Gegner dieser Automarke in den ganzen USA bekannt. Das Fazit aus diesem exemplarischen Fall liegt auf der Hand: es können jederzeit Dinge im Netz kursieren, die den Ruf eines Unternehmens nachhaltig schädigen können. Dies haben bereits eine ganze Reihe von Unternehmen leidvoll erfahren müssen wie z.B. McDonald's, Intel, First Boston Corporation etc.

Die meisten deutschen Unternehmen sind auf ein solches Krisenszenario ebenfalls noch gar nicht eingestellt. Eine öffentliche Stimmungskampagne im Netz würde die für die Unternehmenskommunikation Verantwortlichen völlig unvorbereitet treffen. Dies wird sich in Zukunft ändern müssen, will man einer für ein Unternehmen prekären Stimmungslage der Öffentlichkeit angemessen Rechnung tragen. Dazu bedarf es folgender Schritte:

- Im Falle einer öffentlichen Kritik in den Medien empfiehlt es sich, „Gegendarstellungen", Sachzusammenhänge, Dialoggesten oder Respektbezeugungen auf der eigenen Webpage zu gestalten und sie bei den maßgeblichen Suchmaschinen anzumelden, so daß jeder, der zu diesem Thema recherchiert, auch gleich die Informationen des Unternehmens zu den Hintergründen des „Falles" findet.
- Ferner ist es wichtig, kontinuierlich das Netz auf solche Inhalte zu untersuchen, die für ein Unternehmen riskant werden können. Insbesondere Newsgroups im Internet bedürfen intensiver Beobachtung, will man potentielle Krisen rechtzeitig aufspüren. So müßte beispielsweise ein Unternehmen, das im Pharmabereich tätig ist, alle einschlägigen Newsgroups abonnieren, um im Bedarfsfall rechtzeitig reagieren zu können.

- Drittens sollten Unternehmen originär für das Netz produzierte Beiträge präsentieren, die vor allem eines erkennen lassen: absolute Aktualität, Nutzwert, News, aktive Partizipation an der öffentlichen Diskussion über alle ein Unternehmen interessierenden Themen. Das Online-Publishing wird enorm an Bedeutung gewinnen, zugleich werden die Unternehmen bereit sein müssen, in journalistische Qualität zu investieren.

8. Standards der Informationspolitik im Krisenfall

Das neue emotionale Profil der Deutschen nötigt die Unternehmen zu folgenden Standards der Informationspolitik im Krisenfall:

8.1. Offensive der Kommunikation (action is better than reaction)

Das generelle Problem öffentlicher Kritik liegt darin, daß das kritisierte Unternehmen sich stets in der Defensive befindet. Die normale Reaktion auf öffentliche Kritik ist Verteidigung oder Rückzug. Daher sollten Unternehmen im Sinne eines aktiven kommunikativen Arrangements die Initiative ergreifen und „Agenda Setting" praktizieren, solange die kollektive Temperatur der Öffentlichkeit noch nicht gestiegen ist. Wer ein Problem zuerst zur Sprache bringt, hat in gewissem Umfang Definitions- und Interpretationsmacht. Wer die Initiative ergreift, erfährt leichter Respekt, und Respekt führt zur Akzeptanz. Umgekehrt: Wer passiv reagiert, muß die Konsequenzen dessen tragen, was andere über ihn sagen. Daher empfiehlt es sich, auch unbequeme „issues" aktiv aufzugreifen.

Die Konsequenz: Unternehmen sollten Führerschaft im öffentlichen Dialog anstreben. Sie sollten den Kurs der Debatte mit dem Einsatz eines auf die öffentliche Stimmungslage abgestimmten Inszenierungsrepertoires nachhaltig prägen. Sie sollten nicht nur über Ergebnisse, sondern auch über den unternehmensinternen Meinungsprozeß informieren und schließlich je nach Krisensituation Transparenz im Sinne eines „quasi gläsernen Unternehmens“ praktizieren.

8.2. Integration der Informationspolitik

Das integrierte Rollenspiel zwischen Konzernleitung und Tochtergesellschaften entscheidet in der Regel darüber, ob und wie stark der kommunikative Rückenwind ist, den sich die Konzerngesellschaften gegenseitig geben, bzw. im Defizitfall: Wie stark der öffentliche Druck wird, der sich gegen den Konzern als ganzen richtet. Widersprüche in offiziellen Verlautbarungen sind zu vermeiden, klare Verantwortlichkeiten für die öffentliche Repräsentation des Unternehmens frühzeitig festzulegen.

8.3. Konsistenz der Informationspolitik

Gremien eines Unternehmens müssen nach einer gemeinsamen Grunddidee und nach klar definierten Kriterien kommunizieren, um Widersprüche in öffentlichen Statements zu vermeiden. Unternehmensführer, Betriebsrat, Sachexperten, Fachkommissionen etc. fungieren gemeinsam, ob sie es so wollen oder nicht, ob sie es so wünschen oder nicht, als kommunikative Repräsentanten eines Unternehmens. Sie müssen aktiv in die Konfliktregulierung einbezogen werden.

8.4. Kritik als Informations- und Lernprozeß

Öffentlicher Widerspruch oder emotional vorgetragene Kritik gegen ein Unternehmen sind stets sehr ernst zu nehmen. Auch wenn die Kritik als „ungerecht“ erscheint, aggressiv ist oder latent gärt, ist es erforderlich, die kritische öffentliche Haltung als Tatsache zu akzeptieren.

Dazu gehört vor allem ein umfassender, sofort eingeleiteter Lern- und Informationsprozeß aller Verantwortlichen:

- zu den Hintergründen der öffentlichen Kritik,
- zu den bestehenden Erkenntnissen von Medien, Meinungsführern, Meinungsgruppen und Interessengruppen,

- zur Verbindlichkeit und Intensität des Änderungsverlangens. Öffentliche Emotionen verlangen stets nach Änderungen. Das Änderungsverlangen wird begleitet vom Versuch, Druck auf ein Unternehmen auszuüben,
- zu der öffentlichen Verbreitung der Kritik und ihrer Intensität.

8.5. Reaktion auf Kritik

Öffentliche Kritik schmerzt. Kann die Kritik allerdings in irgendeinem Punkt als „gerechtfertigt" gedeutet werden, sind die Argumente der Öffentlichkeit erkennbar zu akzeptieren. Die Akzeptanz von Einwänden ist zunächst nicht als *Entschuldigungsprozeß*, sondern als Lernprozeß zu behandeln.

Läßt sich allerdings durch eine solche Darstellung das öffentliche Klima nicht korrigieren, ist recht früh eine „Entschuldigungsgeste" erforderlich. Keine kommunikative Maßnahme ist so effektiv und so ressourcenschonend wie ein Entschuldigungsritual in einer angespannten kritischen Atmosphäre. Mit der Entschuldigungsgeste sind zugleich Ausgleichs- und Besserungsmaßnahmen hinsichtlich der kritisierten Schwachpunkte vorzustellen.

8.6. Reaktionsstil

Im Falle eines emotional gefärbten Eskalationsprozesses zwischen Unternehmen und Öffentlichkeit sind folgende Maßnahmen zu beachten:

- Auf einer frühen Stufe sind „unbeteiligte Dritte" als „Leumund" zu suchen, die in der Öffentlichkeit Vertrauen genießen und einem keimenden Konflikt eine deeskalierende Richtung zu geben vermögen. Zugleich können Leumunde, die über ein hohes Ansehen verfügen, durch ihren Debattenbeitrag nicht nur zu einer Entschärfung des Klimas, sondern auch zu einem Zeitgewinn beitragen, der für eine bessere Lösung des Problems genutzt werden kann. Allerdings ist dann auch die Konsequenz zu tragen, daß gewichtige Argumente des „Leumunds" umgesetzt werden müssen. Als Leumunde können Experten, unabhängige Fachgremien, wissenschaftliche Autoritäten etc. fungieren.

- Die Reaktionszeit auf öffentliche Statements ist drastisch zu kürzen. Dies erfordert ein „situationsorientiertes Kommunikationsmanagement“, eine Kultur der spontanen Kommunikation (von Wartburg 1998), die deutlich rascher agiert als unter normalen Umständen. Hierzu gehört vor allem das Erfordernis „rascher Entscheidung auf der Basis unvollständiger Information“.
- Auf einer frühen Stufe eines emotional gefärbten Konfliktprozesses sind kleinere Haltungsänderungen des Unternehmens, Konzessionen oder Akzeptanzgesten weitaus wirkungsvoller als gravierende Konzessionen unter öffentlichem Druck.
- Meinungen über Fakten sowie durch Fakten ausgelöste Stimmungen sind weit wichtiger als die Fakten selbst. Daher ist mit den öffentlichen Kritikern direkt zu sprechen.
- Für die weitere Entwicklung in einem Eskalationsprozeß sind die Emotionen ein zentrales Element. Eine Entschärfung der Krise kann nur erfolgen, wenn die an das Unternehmen gerichteten Emotionen auch eine Würdigung, bzw. eine angemessene Reaktion seitens der Führungsverantwortlichen finden. Das glaubwürdige Signalisieren von Verständnis für Ängste der Öffentlichkeit (statt der Zuschreibung der Unsachlichkeit) reduziert das Konfliktpotential und ermöglicht weitere Kommunikationsschritte mit kritischen Gruppierungen.

9. Dialogische Kommunikation

Das neue Klima der Öffentlichkeit legt als Kommunikationsprinzip verstärkt die „dialogische Kommunikation“ nahe. Die dialogische Kommunikation ist an folgende Voraussetzungen gebunden:

- Verlauf und Ergebnis der öffentlichen Unternehmenskommunikation müssen offen sein; eine getroffene Entscheidung muß möglicherweise einer schmerzhaften Revision unterzogen werden können. Dazu gehört zudem die Bereitschaft, die eigene Position offen zu hinterfragen.

- In der dialogischen Kommunikation muß ein Thema gewählt werden (Issues-Management), das beide Parteien interessiert. Unternehmen müssen zu gesellschaftlichen Anliegen und Wertgrundsätzen etwas zu sagen haben, und sie müssen in der Lage sein, es in angemessener Weise zu tun. Dies setzt voraus, daß gesellschaftliche Anliegen, Interessen und vor allem Wahrnehmungsweisen von Problemen erkannt werden. Unternehmen müssen sich daher vermehrt mit der Frage befassen, wie verschiedene gesellschaftliche Teilöffentlichkeiten ein Problem deuten und welche Schlußfolgerungen aus solchen Deutungsdifferenzen gezogen werden müssen.
- Im Sinne einer interaktiven Kommunikation muß der interessierten Öffentlichkeit möglichst großzügig die Gelegenheit gegeben werden, sich selbst zu informieren. Was man selbst sieht, ist besser als tausend Worte.
- Das Unternehmen muß seinen eigenen Wertstandort klar definieren. Es muß deutlich machen, welche grundlegenden Handlungsleitbilder maßgeblich sind und gegebenenfalls auch zu Lasten kurzfristiger betriebswirtschaftlicher Erfordernisse vertreten werden.
- Die verschiedenen Mitarbeiter des Unternehmens (auch außerhalb der Kommunikationsabteilung) müssen in den Dialog einbezogen werden. Alle Mitarbeiter fungieren als Repräsentanten des Unternehmens. Insbesondere die Zusammenarbeit zwischen den Corporate-Communications-Verantwortlichen und der Unternehmensleitung muß perfekt funktionieren.
- Der Stil der Kommunikation muß an strikten Respekt gegenüber den Dialogkontrahenten gebunden sein.
- Inszenierungsfragen der Kommunikation sollten im Sinne des Impression-Managements stets berücksichtigt und frühzeitig festgelegt werden.
- Die Kommunikation mit den maßgeblichen Teilöffentlichkeiten muß auf Dauer gründen und nicht fallweise inszeniert werden. Ein Unternehmen darf nicht nach kurzfristigen kommunikativen Engagements suchen.

10. Die Bedeutung der neuen Dienenskultur

Der Schwerpunkt vieler Dienstleistungstätigkeiten liegt heute nicht nur in der Vermittlung, Interpretation und Verdichtung von Informationen, sondern in der mit der Kommunikation verbundenen Emotionsarbeit. Jedes Unternehmen muß Emotionsmanagement leisten, will es erfolgreich mit der Öffentlichkeit kommunizieren. Erwartet wird von den Unternehmen Gefühlsarbeit in den unterschiedlichsten Facetten:

- im Sinne des richtigen Tons zur richtigen Zeit in der Kommunikation mit der Öffentlichkeit,
- im Sinne des Schaffens einer als nah und sympathisch empfundenen Atmosphäre im Dialog mit den Teilöffentlichkeiten,
- im Sinne der Rücksichtnahme auf die Stimmung und emotionalen Befindlichkeiten der Öffentlichkeit, wie z.B. auf Ängste oder Aggressionen,
- im Sinne eines „Imperativs des Lächelns" im Umgang mit Kunden und Öffentlichkeit,
- im Sinne der Betonung emotionaler Qualifikationen wie Authentizität, Respekt, Offenheit, Glaubwürdigkeit.

Neu ist, daß die emotionalen Ansprüche nicht nur an Dienstleistungsunternehmen gestellt, sondern generell an Manager, Politiker und Öffentlichkeitsarbeiter gerichtet werden. In Deutschland wird den Kommunikationsverantwortlichen eine neue Art „emotionaler Dienenskultur" abverlangt; d.h. ihnen werden unentwegt emotionale Zwischentöne zugemutet, die der Stimmungslage der Öffentlichkeit entsprechen. Jeder nur denkbare Kontakt mit der Öffentlichkeit entwickelt sich inzwischen zu einem „moment of truth", in dem die emotionale Qualität einer Kommunikationsleistung gemessen wird. Dienenskultur bedeutet also nicht, daß Kommunikationsleistungen gewissermaßen als „added value" betrachtet, sondern als orginäre Marktleistung wahrgenommen werden. Sie bildet die erweiterte Grundlage für die Loyalität von Kunden und Öffentlichkeit. Das veränderte emotionale Profil der Deutschen zwingt folglich zur Rekrutierung eines neuen Kommunikationsverständnisses.

Es ist an folgende Prämissen gebunden:

- *Primat der Verständigung:* In der Kommunikation mit der Öffentlichkeit geht es nicht mehr nur schlicht um Informationsübermittlung, sondern um alle Aspekte der Verständigung. Betriebswirtschaftlich erfolgreich ist dann nicht, was unter Kosten-Nutzen-Gesichtspunkten vernünftig oder unter juristischen Aspekten korrekt ist, sondern was der Verständigung dient. In der Kommunikation mit der Öffentlichkeit muß zumindest implizit auch die nicht-materielle Dimension unternehmerischen Handelns erkennbar werden.

- *Befriedigung der Servicementalität der Deutschen:* Service hat für die Deutschen vermehrt etwas mit „emotionalen Qualifikationen" zu tun. Erwartet werden kontinuierliche Signale von Offenheit, Freundlichkeit, Verständnis und Respekt. Eingeklagt wird zudem die Zurückstellung eigener Befindlichkeiten der Unternehmensverantwortlichen zugunsten eines positiven Klimas im Dialog mit der Öffentlichkeit. Das emotionale Arrangement in der Unternehmenskommunikation soll dokumentieren, daß die Dienstleistung oder das Produkt eines Unternehmens auch seine Bezahlung wert ist. Dem Unternehmen wird quasi eine „emotionale Tauschschuld" in der Beziehung zum Konsumenten, bzw. zur Öffentlichkeit abverlangt.

- *Akzeptanz des emotionalisierten Konsumklimas:* Konsumentscheidungen sind heute vermehrt abhängig von spontanen Kriterien wie Gefühlslage, Stimmung, Erlebnisdruck, Ästhetik usw. Unternehmen müssen sich deshalb ein Stück weit vom puren Produkt- und Informationslieferanten zum „Gefühlesammler" entwickeln (Baumann 1997), um das Anspruchsreservoir der neuen Öffentlichkeit angemessen zu bedienen.

- *Stärkere Betonung des Identitätsmanagements:* Imagewertungen der Öffentlichkeit orientieren sich weniger an bloßer Produkt- und Leistungskompetenz, sondern am Gesamtbild eines Unternehmens. Dazu gehören klar vermittelte Kernpositionierungen und Identitätsangebote. Dienenskultur im Sinne von Identitätsmanagement bedeutet daher die Erfüllung von tiefer liegenden Orientierungs- und Vertrauensbedürfnissen der Öffentlichkeit. Was der Deutsche schätzt, sind Klarheit, Sicherheit und Verläßlichkeit – und dies möglichst im Komparativ. Genau dies wird ihm jedoch verwehrt. Wie bekannt, ist das Vertrauen der Deutschen in die Unternehmen sehr gering.

Angesichts der Komplexität und Mehrdeutigkeit von Unternehmensinformationen wird der Deutsche immer unsicherer. Die Grenze zwischen Richtigem und Falschem, Vertrautem und Neuem, die früher klar markiert schienen, ist gefallen. Stabile Unternehmens- und Produktbindungen lösen sich auf in Ja-Nein-Optionen. Unter diesen Umständen erwartet die Öffentlichkeit von einem Unternehmen eine prinzipiell neuartige Dienstleistung: die einer persönlichen Orientierungs- und Vertrauensbindung. Hier setzt das Identitätsmanagement an. Es verhindert Mehrdeutigkeit, reduziert Unsicherheit und schafft Identitätsangebote; Identitätsangebote verstanden als eingenordete Kompaßnadeln im unüberschaubaren Kommunikationsstrom des Marktes.

Konsequenz: Unternehmenskommunikation ist als Identitätsmanagement zu verstehen. Identitätsarbeit ist nicht der flüchtige Reflex des Unternehmens auf medienwirksam arrangierte Thementrends, sondern die kontinuierliche Arbeit und Rückbesinnung auf die zentralen Grundpositionierungen und Kerncodierungen eines Unternehmens.

Grafikverzeichnis

Teil I

Teil II

Literatur

Allensbacher Jahrbuch der Demoskopie (1993): hrsg. von E. Noelle-Neumann u. R. Köcher, München/New York, insbes. S. 52, 223, 508, 545, 630.

Allensbacher Jahrbuch der Demoskopie (1997): hrsg. von E. Noelle-Neumann u. R. Köcher, München, insbes. S. 57, 119, 399, 647, 650, 662ff, 667, 932.

Angermeyer, M.C.; Kühn, L. (1985): Der Psychoboom auf dem deutschen Büchermarkt, in: Österreichische Zeitschrift für Soziologie, 10. Jg., S. 250-259.

Badura, B. (1990): Interaktionsstreß. Zum Problem der Gefühlsregulierung in der modernen Gesellschaft, in: Zeitschrift für Soziologie, 5, Stuttgart, S. 317-328.

Bauman, Z. (1997). Flaneure, Spieler und Touristen. Essays zu postmodernen Lebensformen, Hamburg.

Baumgärtel, T. (1997): Krisenland Internet, in: PR Magazin, Nr.7, Remagen, S. 18-21.

Bente, G. u. B. Fromm (1997): Affektfernsehen: Motive, Angebotsweisen und Wirkungen, Opladen.

Benton, J.S. (1981): The new sensibility: Self and society in the post-industrial age, Dissertation, University of California, Los Angeles, zitiert nach Gerhards, J. (1988): Soziologie der Emotionen: Fragestellungen, Systematik und Perspektiven, Weinheim/München, S. 251-252.

Brinkgreve, C. u. M. Korzec (1979): Verhaltensmuster in der niederländischen Gesellschaft (1938-1977). Analyse und Interpretation der Ratgeber-Rubrik einer Illustrierten, in: Gleichmann, P., J. Goudsblom u. H. Korte. (Hrsg.), Materialien zu Norbert Elias‘ Zivilisationstheorie, Frankfurt/M., S. 299-310.

Buchmann, M. und M. Eisner (1998): Arbeit und Identität – Von der Notgemeinschaft zur Wahlgemeinschaft, in: dies., Arbeit in der Schweiz des 20. Jahrhunderts: wirtschaftliche, rechtliche und soziale Perspektiven, Bern.

Burda Marktforschung (1996): Typologie der Wünsche 1986-1995, München.

Clement, U. (1986): Sexualität im sozialen Wandel: eine empirische Vergleichsstudie an Studenten 1966 und 1981, Stuttgart.

Duncker, Ch. (1998): Dimensionen des Wertewandels in Deutschland. Eine Analyse ausgewählter Zeitreihen, Frankfurt/M., Berlin, New York.

Elias, N. (1976): Über den Prozeß der Zivilisation, 2 Bde., Frankfurt/M.

Förster, H.-P. (1995): Neue Briefkultur mit Corporate Wording, Frankfurt/M. und New York.

Gerhards, J. (1988): Soziologie der Emotionen: Fragestellungen, Systematik und Perspektiven, Weinheim/München.

Graff, B. (1998): Alessi oder nichts. Design für die Postmoderne: Die Funktion gerät außer Form, in: Süddeutsche Zeitung vom 25.08.1998, München.

Gröbel, J. (1993): Gewaltprofil des deutschen Fernsehprogramms: Eine Analyse des Angebots privater und öffentlich-rechtlicher Sender, Opladen.

Gruner + Jahr Marktforschung (1983): Wohnen und Leben 2, Hamburg.

Gruner + Jahr Marktforschung (1991): Wohnen und Leben 3, Hamburg.

Gruner + Jahr Marktforschung (1995): Wohnen und Leben 4, Hamburg.

Hasse, J. (1994): Erlebnisräume. Vom Spaß zur Erfahrung, Wien.

Herbert, W. (1988): Wertwandel in den 80er Jahren. Entwicklung zwischen 1966 und 1985, in: Luthe, H. O. u. H. Meulemann (Hrsg.), Wertwandel – Faktum oder Fiktion, Frankfurt/M. u. New York, S. 140-160.

Herz, T.(1988): Politische Konflikte, Wertwandel und Modernisierung, in: Luthe, H. O. u. H. Meulemann (Hrsg.), Wertwandel – Faktum oder Fiktion, Frankfurt/M. u. New York, S. 48-72.

Hillmann, K.H.(1989): Wertwandel. Zur Frage soziokultureller Voraussetzungen alternativer Lebensformen, Darmstadt.

Hochschild, A. (1990): Das gekaufte Herz. Zur Kommerzialisierung der Gefühle, Frankfurt/M.

Hoffmann, G. u. A. Horning (Hrsg.) (1997): Emotion in postmodernism, Heidelberg.

Inglehart, R. (1998): Modernisierung und Postmodernisierung: kultureller, wirtschaftlicher und politischer Wandel in 43 Gesellschaften, Frankfurt/M.

Institut für Demoskopie Allensbach (1996): Allensbacher Werbeträger Analyse 1996, Allensbach.

Institut für Demoskopie Allensbach (1998): Allensbacher Berichte, Nr.6, Allensbach.

Kahle, G. (1981): Logik des Herzens. Die soziale Dimension der Gefühle, Frankfurt/M.

Klages, H., Hippler H.J. u. W. Herbert (1992): Werte und Wandel. Ergebnisse und Methoden einer Forschungstradition, Frankfurt/M.

Köcher, R. u. J. Schild (Hrsg.) (1998): Wertewandel in Deutschland und Frankreich, Opladen.

Lambert, Y. (1998): Säkularisierungstendenzen in Deutschland und Frankreich in europäischer Perspektive, in: Köcher, R. u. J. Schild (Hrsg.), Wertewandel in Deutschland und Frankreich, Opladen, S. 67-92.

Lohmann, K. R. u. Th. Schmidt (Hrsg.) (1996): Werte und Entscheidungen im Management, Marburg.

Mehl, Dominique (1996): La Télévision de l‘ Intimité, Paris.

Meulemann, H. (1985): Säkularisierung und Politik. Wertwandel und Wertstruktur in der Bundesrepublik Deutschland, in: Politische Vierteljahresschriften, 26. Jg., H. 1, Opladen, S. 29-51.

Meulemann, H. (1996): Werte und Wertewandel. Zur Identität einer geteilten und wieder vereinten Nation, Weinheim und München.

Nau, E. (1983): Gruppendynamik in Deutschland. Ein Überblick, in: Neidhart, F. (Hrsg.), Gruppensoziologie. Perspektiven und Materialien, Opladen, S. 126-143.

Nicholson, B. (1997): Emotion in postmodern public spaces, in: Hoffmann, G. u. A. Horning, Emotion in postmodernism, Heidelberg, S. 1-23.

Opaschowski, H. (1997): Deutschland 2010, hrsg. v. B.A.T. Freizeitforschungsinstitut, Hamburg.

Opaschowski, H. u. C. Duncker (1996): Jugend und Freizeit, hrsg. v. B.A.T. Freizeitforschungsinstitut, Hamburg.

Peuckert, R. (1996): Familienformen im sozialen Wandel, 2. Auflage, Opladen.

Peters, B. (1994): „Öffentlichkeitselite" – Bedingungen und Bedeutungen von Prominenz, in: Kölner Zeitschrift für Soziologie, Sonderband „Öffentlichkeit, öffentliche Meinung, soziale Bewegungen, Opladen, S. 191-213.

Pross, H. (1982): Was ist heute deutsch? Wertorientierungen in der Bundesrepublik, Hamburg.

Rittner, V. (1982): Krankheit und Gesundheit. Veränderungen in der sozialen Wahrnehmung des Körpers, in: Kamper, D. u. C. Wulf (Hrsg.), Die Wiederkehr des Körpers, Frankfurt, S. 40-51.

Schäfers, B. (1998): Politischer Atlas Deutschland. Gesellschaft, Wirtschaft, Staat, 2. Aufl., Bonn.

Scherer, K.R., Wallbott, H. G. u. A. B. Summerfield (1986): Experiencing emotion. A cross-cultural study, Cambridge, London, New York.

Schild, J. (1998): Wertewandel und politischer Protest: Die wachsende Bedeutung direkter Partizipationsformen, in: Köcher, R. u. ders. (Hrsg.), Wertewandel in Deutschland und Frankreich, Opladen.

Schmidtchen, G. (1997): Wie weit ist der Weg nach Deutschland? Opladen.

Schulze, G. (1997): Die Erlebnisgesellschaft, 7. Aufl., Frankfurt/M.

Sennett, R. (1998): Verfall und Ende des öffentlichen Lebens. Die Tyrannei der Intimität, Frankfurt/M.

Statistisches Bundesamt (1995): Datenreport 1994. Zahlen und Fakten über die Bundesrepublik Deutschland, aktualisierter Nachdruck, Bonn.

Stearns, C.Z. u. P.N. Stearns (1988): Emotion and social change, New York.

Stephan, C. (1993): Der Betroffenheitskult, Hamburg.

Tominaga, M. (1997): Die kundenfeindliche Gesellschaft. Erfolgsstrategien für Dienstleister, Düsseldorf.

Turner, R.H. (1976): The real self: from institution to impulse, in: American Journal of Sociology, Vol. 81, No. 5, Chicago, S. 989-1016.

Uhlich, M. (1998): Die fiktive Realität. Eine mediensoziologische Untersuchung der gesellschaftlichen Auswirkungen des Fernsehens am Beispiel der Serie „Lindenstraße“, unveröff. Diplomarbeit am Lehrstuhl für Soziologie, Universität Hohenheim, Stuttgart.

Vester, H.G. (1991): Emotion, Gesellschaft und Kultur: Grundzüge einer soziologischen Theorie der Emotionen, Opladen.

Vowinckel, G. (1983): Von politischen Köpfen und schönen Seelen, München.

v. Wartburg, W. (1998): Dealing with Public Criticism. The Lessons of Experience, in: Strategic Communication Management, Issue 9, London und Chicago, S. 20-25.

Weber, A. (1950): Kulturgeschichte als Kultursoziologie, München.

Wouters, C. (1986): Informalisierung und Formalisierung der Geschlechterbeziehungen in den Niederlanden von 1930 bis 1985, in: Kölner Zeitschrift für Soziologie und Sozialpsychologie, 38. Jg., Opladen, S. 510-526.